HORST KLEMMER

HEINZ ERHARDT
Hinter den Kulissen

ERINNERUNGEN SEINES MANAGERS UND FREUNDES

LAPPAN

VORWORT VON **OTTO WAALKES**

HEINZ ERHARDT UND ICH

DA ES BEI WIKIPEDIA steht, muss es ja stimmen: Heinz Erhardt war ein Vorbild für mich. Wer denn sonst? Seinerzeit war er in Deutschland konkurrenzlos. Außer ihm gab es höchstens noch ein paar Mundartkomiker,

Bayern, Hessen, Rheinländer, die für mich in Emden fast unverständlich sprachen. Heinz Erhardt, obwohl im Zarenreich geboren, sprach reines Hochdeutsch und was er mit der Sprache machte, war vorbildlich für mich.

Er nahm die Sprache beim Wort, er drehte sie im Munde um, er kalauerte und schüttelreimte – all das gehört immer noch zu meinem Repertoire. Dabei entschuldigte er sich immer wieder für den Nonsens, den er verzapfte – auch dies schüchterne Auftreten habe ich ihm abgeschaut.

Gutes Material braucht keine große Schnauze.

Musikalisch war er außerdem und das kann nicht schaden für alle, deren Komik auch vom Timing lebt. Timing ist ja keine Stadt in China – aber was ist es dann? Schwierige Frage, denn wenn man's spürt, war das Timing vermutlich falsch, richtiges Timing bemerkt man gar nicht: Die Pointe sitzt einfach.

Heinz Erhardt war der höfliche Meister dieser Kunst.

INHALT

VORWORT VON OTTO WAALKES:
HEINZ ERHARDT UND ICH.................................3

EINLEITUNG.. 9

KLEIN ANGEFANGEN 13

19 ALBEN VOLLER ERINNERUNGEN............................15

ES GRÜNT SO GRÜN … 17

DAS REUTLINGER SCHÜTTERLE 18

PÜNKTLICHKEIT 19

EIN SÜSSER BURSCHE 20

KEINE VORSCHUSSLORBEEREN 22

LIEBER THEATER ALS SOLO-AUFTRITT......................23

DER „HÄNGER" 25

DREI MANN IN EINEM BOOT................................ 26

GERADE GEWÜRZGURKEN GEGESSEN 28

PHILOSOPH DER FREUNDLICHKEIT 30

ENDLICH TOURNEE! 31

HAUSMUSIK IM THEATER 37

KLAPPE, DIE DRITTE 38

ICH MACHE KEINE WITZE!................................ 40

ERWISCHT!	**41**
HEINO, BITTE ZUR KASSE	**42**
DIE KRÖNUNG	**45**
ER AAL-TE SICH SO GERNE …	**48**
„APPEL DIE PAPPEL"	**51**
AUF DEN HUND GEKOMMEN	**52**
WER DEN PFENNIG NICHT EHRT …	**53**
AUSVERKAUFT	**56**
SONNENSCHEIN UND REGEN	**58**
MAN MUSS NUR WISSEN, WIE …!	**59**
KOMPLIMENT	**60**
SCHÖN, WENN MAN EINEN VOGEL HAT!	**63**
DER HALVE HAHN	**64**
RADIESCHEN UND RÜHREI	**65**
TIEF GESUNKEN	**67**
DIE 500. VORSTELLUNG	**68**
DUGENER	**70**
GEBURT IM THEATER	**70**
WELCHES SCHWEINDERL HÄTTEN'S GERN …	**72**
MAREK ERHARDT	**74**
HATSCHI	**74**

KRANKWERDEN WAR NICHT GEPLANT	**75**
BADEN-BADENER ROULETTE	**76**
UWE SEELER UND DAS AUTOGRAMM	**81**
MÜNCHEN–BERLIN	**83**
DAS IST (DER) BERLINER LUFT	**83**
HEINZ-ERHARDT-TV-SERIE	**86**
DAS ENDE DER KARRIERE	**87**
ALTE FREUNDE	**88**
ABSCHIED	**93**
ERSTE ANZEICHEN	**95**
GEORG THOMALLA	**96**
SEINE GOLDENE UHR	**97**
POSTHUM DIE GOLDENE SCHALLPLATTE	**98**
HORST KLEMMER – MEIN LEBEN ALS MANAGER	**101**
FLEISCHBRÖTCHEN UND FAMILIE	**103**
UMGANG MIT PROMIS	**105**
KÜNSTLERNAMEN	**106**
ABHÄNGIGKEITEN	**107**
HILDEGARD KNEF	**108**
ZARAH LEANDER	**109**

ROY BLACK **111**

SIEGFRIED & ROY **112**

DIETER THOMAS HECK **114**

RUDI CARRELL **116**

HEINZ SCHENK **118**

MICHAIL GORBATSCHOW **123**

ROGER MOORE **126**

HELENE FISCHER **127**

JÖRG HAMMERSCHMIDT **129**

MISS GERMANY **130**

ZUM SCHLUSS **138**

EINLEITUNG

DEN NAMEN HEINZ ERHARDT kennt und kannte jeder in der Showbranche. Aber kaum jemand oder besser: *Niemand* kannte ihn so gut wie seine Familie und ich als sein einziger Manager. Und wenn ich rückblickend all das Revue passieren lasse, was ich mit ihm erlebt und durchlebt habe, zitiere ich gerne den Satz von Tom Hanks aus Forrest Gump: *Das Leben ist wie eine Pralinenschachtel – man weiß nie, was man bekommt.*

Als gelernter Steuerfachmann hätte ich mir nie träumen lassen, einmal ins Showgeschäft einzusteigen. Ende der 50er-Jahre änderte sich das schlagartig. Es bot sich die Chance, als Conférencier und Regisseur für die Strumpffirma *Opal* „Miss Germany"-Wahlen zu moderieren, später übernahm ich auch die Regie. Daraus ergaben sich Kontakte zu zahlreichen Prominenten der damaligen Zeit, was mich die Entscheidung treffen ließ, ein Künstler-Management aufzubauen, Tourneen zu organisieren, die VIPs zu betreuen und zu beraten.

Hätte ich mir zu diesem Zeitpunkt einen Künstler wünschen dürfen, wäre es immer Heinz Erhardt gewesen, denn ich war schon in jungen Jahren ein großer Fan. Ich erinnere mich noch heute, dass ich Erhardt durch Zufall das erste Mal am 15. April 1954 in Oldenburg gesehen habe. Und während eines Urlaubs im Schwarzwald sah ich ihn am 26. August 1956 in Baiersbronn das zweite Mal. Er spielte am Nachmittag vor seinem Auftritt Federball und ich nahm meinen ganzen Mut zusammen, ging zu ihm hin und bat um ein Autogramm. Meinen Wunsch erfüllte er gerne und lud mich ein, eine Partie Federball mit ihm zu spielen. Es war der herausragendste Glücksmoment meines jungen Lebens.

Für mich war und ist er noch immer der Vater aller Humoristen, auch wenn er eigentlich ein durch und durch nachdenklicher Mensch war.

Sein Humor basierte in erster Linie auf verdrehten Redewendungen und seine Wortspiele waren neu und faszinierend. Außerdem konnte er glänzend improvisieren. So lustig er auf der Bühne und in seinen Filmen war, privat erlebte ich eher einen stillen und in sich gekehrten Menschen.

Wen wundert es, dass solch ein Genie eine starke Frau an seiner Seite brauchte. Und die hatte er! 1935 heiratete Heinz Erhardt die Tochter des ehemaligen italienischen Konsuls in Sankt Petersburg: Gilda Zanetti. Die beiden waren immer ein Herz und eine Seele, vier Kinder kamen zur Welt: Grit, Verena, Gero und Marita. Gero Erhardt wurde ein bekannter Regisseur, sein Sohn Marek ist erfolgreicher Synchronsprecher und Schauspieler.

MEIN ERSTES BERUFLICHES TREFFEN MIT HEINZ ERHARDT fand 1961 in Bad Zwischenahn statt. Ich hatte einen bunten Abend mit Renate Kern, Gus Backus und Bully Buhlan organisiert. Ein Künstler fehlte mir noch. Also nahm ich Kontakt zu Heinz Erhardt auf und er sagte zu.

Als er am Abend der Veranstaltung auf mich zukam, erstarrte ich zwar nicht in Ehrfurcht, aber ich war schon sehr beeindruckt von seiner Persönlichkeit. Und mit anzusehen, wie er binnen Sekunden das Publikum für sich gewann, wie am Ende seiner Darstellung minutenlang applaudiert wurde, zeigte mir einmal mehr, dass Heinz Erhardt *der* grosse Künstler war, der den Deutschen nach dem Zweiten Weltkrieg das Lachen wieder zurückgab.

Anscheinend hatte Erhardt an diesem Abend selbst nicht mit solch einem Erfolg gerechnet. Deshalb war es für mich leicht, ihn davon zu überzeugen, wieder bei solchen bunten Abenden aufzutreten. Und so folgten Engagements in Oldenburg und in sieben weiteren Städten.

Anfang 1962 bat er mich zu einem Gespräch und machte mir das Angebot, exklusiv sein Management zu übernehmen. Bis dahin hatten er und seine Frau alles alleine organisieren müssen: Von Verträgen über An- und Abreisen bis hin zu Hotelbuchungen – es gibt jede Menge im Hintergrund eines Auftritts zu organisieren.

Ich fühlte mich ob dieses Angebotes sehr geehrt und sagte sofort zu. Das war der Beginn einer erfolgreichen Zusammenarbeit und einer Freundschaft mit großem Respekt. Wir haben uns nie geduzt und er nannte mich immer liebevoll seinen *Impresario* und ich war sehr stolz, solch einen Künstler unter Vertrag zu haben.

Wir begannen mit den ersten Sologastspielen in Bädern und Städten, zwei Stunden rezitierte er, sang, spielte Klavier und das Publikum jubelte ihm zu.

Erhardt war Anfang der Sechziger schon sehr beliebt, aber sein ganz großer Durchbruch kam an einem Februartag, als das ZDF am Sonntagnachmittag seinen besten Film ausstrahlte: „Witwer mit 5 Töchtern". In ganz Deutschland schneite es und alle Menschen saßen vor dem TV-Gerät.

Von da an stieg seine Popularität, er wurde ein echter Star, auch wenn man das damals noch nicht so nannte, und ich als Manager hatte sehr viel zu tun, in allen Bereichen und stets für einen reibungslosen Ablauf zu sorgen.

Ein paar der Situationen, die Heinz Erhardt in den Jahren, in denen ich ihn als Manager begleitet habe, passiert sind, erinnere ich gerne und mit diesem Buch möchte ich sie gerne mit Ihnen, verehrte Leserinnen und Leser, teilen.

KLEIN ANGEFANGEN

GILDA UND HEINZ ERHARDT kamen aus Riga. Er selbst lernte in der Musikalienhandlung seines Großvaters und verkaufte Noten und Instrumente. Musikalisch talentiert, trat er gelegentlich bei kleinen Festivitäten in seiner Heimatstadt auf. Die ersten Erfolge blieben nicht lange aus und so wurde Willi Schaeffers, von dem berühmten „Kabarett der Komiker" in Berlin, damals das non plus ultra, auf den Künstler aus Riga aufmerksam und engagierte ihn 1938 für zwei Monate.

Heinz Erhardt zu Beginn seiner Karriere in Deutschland, 1938

Heinz Erhardt arbeitete unaufhörlich an sich und er glaubte an sein Talent und an sein Programm, nämlich Klavier zu spielen, dazu zu singen und „etwas Lustiges zu erzählen". So dauerte es nicht lange, bis auch die deutschen Großveranstalter auf ihn aufmerksam wurden.

Im Januar 1939 buchte ihn die Konzertdirektion *Hoffmeister* in Mannheim für einen Soloauftritt von 15 Minuten. Das bedeutete: Hin- und Rückreise Riga–Mannheim–Riga. Er und Gilda hatten sehr wenig Geld, er musste die Bahn nehmen und in der vierten Klasse reisen. Auf harten Holzbänken fuhr er 25 Stunden, kam um 19:30 Uhr an, ging eine Stunde später auf die Bühne, absolvierte sein Soloprogramm – auch hier mit Erfolg – und fuhr im Anschluss 25 Stunden nach Riga zurück. Man bedenke: 50 Stunden Fahrt, um 15 Minuten auf der Bühne zu stehen! Und damals waren die Gagen noch nicht das „Gelbe vom Ei". Fest steht: Durch die Auftritte in Berlin und Mannheim machte er sich in Deutschland bekannt und der Name „Heinz Erhardt" bekam allmählich Klang.

Später erzählte er mir, dass er diese *harte Fahrt* trotz allem genossen hat. Die Aussicht, auf der Bühne zu stehen, habe ihn gerne alle Strapazen ertragen lassen. Und voller Stolz sagte er: *„Ich habe fünfzehn Deutsche Mark als Gage erhalten und jetzt konnte ich mein geliebtes Zipchen, (wie er seine Frau Gilda nannte) endlich einladen. Bislang war es immer so, dass wir in Riga nur an einem bestimmten, sehr guten Lokal vorbeigehen konnten. Die Düfte, die aus dem Kellerfenster der Küche drangen, waren herrlich, wir konnten aber nur schnuppern. Das Geld, um dort essen zu gehen, war nie da. Aber diese fünfzehn Deutsche Mark hatte ich jetzt in der Tasche und wir genossen diese Einmaligkeit des festlichen Mahls."*

19 ALBEN VOLLER ERINNERUNGEN

HEINZ ERHARDT WAR STETS korrekt, extrem gewissenhaft, etwas überorganisiert, hatte manchmal sehr eigene Vorstellungen und war ab und an in sich gekehrt.

Er führte kein Tagebuch, aber er sammelte Zeitungsartikel, Fotos, Programmhefte, Briefe und machte sich Notizen dazu.

All das wurde akribisch und chronologisch in 19 Alben eingeklebt. Diese Alben bedeuteten ihm sehr viel und ich fühlte mich sehr geehrt, als er mir eines Tages erlaubte, die Bände einzusehen. Sein erster Eintrag war datiert von 1947 und es war überraschend, in die frühen Jahre seines Künstlerdaseins eintauchen zu können.

Ein Artikel von 1953 aus Riga titelte: *„Herr Heinz Erhardt singt und spielt Lieder zur Laute"*. Was für eine Vorstellung! Heinz Erhardt singt

Album Nr. 1, Seite 1: Der allererste „Eintrag"

zur Laute, ich musste wirklich laut lachen und wünschte mir, ich hätte ihn zu dieser Zeit erleben dürfen!

Ebenso Urkunden, Filmprogramme, Visiten- und Autogrammkarten von Prominenten oder Dankesschreiben von Veranstaltern hat er aufbewahrt und eingeklebt.

Am 7. Januar 1971 beginnt er sein 18. Album mit den Worten: „*Ich habe so eine Ahnung, dass dies mein letztes Album wird! Nun, ich habe genug gearbeitet und gelebt. Es war alles in allem ein schönes Leben. Weniger vielleicht für Zipchen und die Kinder, denn ein guter Mann und Vater war ich nie. Umso dankbarer bin ich meiner Familie, dass sie mich meine Schwächen nicht allzu sehr merken ließ. (7.1.71: ein schönes Datum!)*"

ES GRÜNT SO GRÜN...

JEDER MENSCH HAT SEIN FAIBLE. Bei dem einen sind es Teddybären, bei dem anderen Gladiolen. Bei Heinz Erhardt war es die Farbe **GRÜN**. Eine sehr positiv besetzte Farbe, mit der Erneuerung und Freiheit assoziiert wird, aber auch Stabilität und Harmonie. Sie wirkt beruhigend und natürlich und ist die Farbe der Hoffnung. Ob sein Faible damit etwas zu tun hatte?

Erhardt schrieb grundsätzlich alles in Grün. Sein Füller war gefüllt mit grüner Tinte, in seine Schreibmaschine, mit der er eigenhändig seine Gedichte tippte, war ein grünes Farbband gespannt. Wichtige Verträge oder Schecks: Er unterschrieb nur mit Grün.

Speziell bei Verträgen war dies manchmal erklärungsbedürftig. Es gab Verantstalter, die sich am Grün störten und auf einer blauen oder schwarzen Unterschrift beharrten. Aber auch diese bissen bei Erhardt auf Granit und mussten am Ende seine Signatur in Grün akzeptieren.

DAS REUTLINGER SCHÜTTERLE

TAUSENDE VON KILOMETERN im Auto legte Heinz Erhardt mit seiner Frau Gilda im Jahr zurück, um alle seine Auftritte zu absolvieren.

Bei einem Engagement in Reutlingen, das ich begleitete, stiegen wir in einem guten Hotel ab. Mitten in der Nacht, gegen zwei Uhr, ging ein furchtbares Rütteln durch das Haus. Besorgt rief Erhardt den Nachportier an und dieser erklärte ihm gelassen, dass es ein Erdbeben sei, man sich aber keine Sorgen machen müsste.

Am nächsten Tag stellte sich heraus, dass das Hotelgebäude einen gefährlich großen Riss abbekommen hatte.

Beim Frühstück erklärte mir Heinz Erhardt, dass er überhaupt keine Lust auf eine Wiederholung dieses Naturschauspiels hätte und sagte: „In Reutlingen spiele ich nicht mehr."

Und so bekamen die Reutlinger Heinz Erhardt nur ein einziges Mal in ihrer Stadt zu sehen.

PÜNKTLICHKEIT

DER PUBLIZIST Peter E. Schumacher (1941–2013) sagte: „Pünktlichkeit ist die Kunst, möglichst präzise abschätzen zu können, wie spät man zu spät kommen kann."

Das brauchte Heinz Erhardt nicht, denn Pünktlichkeit stand bei ihm und seiner Frau Gilda an allererster Stelle. Wenn wir uns zum Beispiel um 16:00 Uhr verabredet hatten, waren die beiden Herrschaften bereits um 15:30 Uhr da und warteten geduldig.

Außerdem war seine Devise: In der Stadt des letzten Gastspiels so zeitig frühstücken und danach mit dem Auto losfahren, dass man zum Mittagessen in der neuen Stadt ist. An diese professionelle Planung hat er sich immer gehalten, was zur Folge hatte, dass Heinz Erhardt nie zu spät kam.

EIN SÜSSER BURSCHE

ERHARDT TRANK NICHT nur gerne mal, er aß auch sehr gern – was man seiner wohlgenährten Figur sehr wohl ansah. Kalbshaxe, Knödel, Gulasch, Kotelett, Bratkartoffeln oder Pommes Frites, das mochte er alles sehr gern, aber seine Leidenschaft waren Kuchen. Das musste einmal am Tag sein.

Später ist mir aufgefallen, dass er unsere Besprechungstermine gerne auf den Nachmittag legte. Ob in Hotels

In »Der Haustyrann« mit Rudolf Platte, 1958

oder bei ihm zu Hause: Eine Kaffeetafel um 15 Uhr ließ ihn strahlen. Hatte er einen Kuchenteller vor sich, entspannte er sich und es war eine Freude ihm zuzusehen, wie er jeden Bissen mit Genuss verzehrte.

Mit Zipchen beim Nachmittagskaffee ...

KEINE VORSCHUSS-LORBEEREN

WENN DAS PUBLIKUM von Anfang an tobte, war das Erhardt eigentlich gar nicht so recht. Es konnte dann sein, dass die Leute sich zu schnell verausgabten und am Schluss kein rauschender Beifall mehr kam.

Als wir im Dortmunder Filmtheater spielten, bekam er einen derart stürmischen Willkommensapplaus, dass man hätte meinen können, Borussia Dortmund wäre Europa-Cup-Sieger im Fußball geworden, so ohrenbetäubend laut war es.

Aber die Fans ließen Erhardt nicht im Stich, bis zum Schluss der Vorstellung gaben sie alles. Es war grandios, Jubelschreie bis zum Schluss!

1968 auf der MS Europa

Und Erhardts breites Lachen nach dem Auftritt signalisierte mir und seinem Publikum deutlich, wie sehr er diesen Triumph zu schätzen wusste – und genoss.

Trotzdem gab es ein Ritual nach jedem seiner Bühnenauftritte. Wenn er von der Bühne abging, erwartete er von mir eine Bestätigung, dass er einen guten Auftritt hingelegt hatte. Manchmal war ich in Gedanken schon bei anderen Dingen und vergaß mein lobendes Feedback. Dann kam sofort ein: „War ich heute schlecht?"

Er war nie schlecht und nach einem ehrlichen „Nein, nein, alles bestens!" strahlte der Künstler wieder.

LIEBER THEATER ALS SOLO-AUFTRITT

WENN ICH ERHARDT FRAGTE: „Was machen wir nächstes Jahr?", so meinte er: „Wir werden wieder zwei Jahre Theater spielen, ich habe schon ein neues Stück."

Dass wir damit wieder erfolgreich sein würden, bezweifelte ich nie, aber noch lieber wäre ich mit Heinz Erhardt auf Solo-Tournee gegangen. Ich liebte es, wenn er 100 Minuten alleine sang, moderierte, parodierte und auf dem Flügel spielte.

Immer wieder versuchte ich ihn zu überzeugen, aber ich biss auf Granit. Er sagte: „Solange ich gehen kann, lassen Sie uns Theater spielen. Wichtig ist, dass ich sprechen kann. Und wenn Sie mich einmal auf die Bühne tragen müssen, setzen Sie mich einfach auf einen Stuhl und geben Sie mir ein Mikrophon."

Der Schlaganfall nahm ihm dann allerdings das, was ihm am wichtigsten war, seine Sprache, und er konnte danach nicht mehr auftreten. Dabei war die Bühne immer sein Leben gewesen.

Mit Marina Ried auf der Bühne

DER „HÄNGER"

ABER WIR MACHTEN natürlich auch Solo-Abende – oft spielten wir sie in deutschen Bädern.

Da Erhardt gerne improvisierte, gestaltete er sein Programm jeden Abend etwas anders.

Einer seiner Gags war, so zu tun, als wüsste er nicht weiter. Ich stand immer in der Kulisse am Rand der Bühne und las im Buch mit. Wenn er sich zu mir drehte und fragte: „Was machen wir jetzt?", rief ich ihm die Seitenzahl zu, wo er sich gerade befand.

Darauf nahm er sein Buch zur Hand, blätterte umständlich darin herum und ließ dann sein Publikum sehen, wo wir gerade waren.

Auf Lesereise

Dafür zeigte er immer eine leere Doppelseite und sagte schelmisch: *„Ätsch!"* Natürlich wusste er ganz genau, wo es für ihn wirklich weiterging im Text.

DREI MANN IN EINEM BOOT

1961 drehte Regisseur Helmut Weiss den Film „Drei Mann in einem Boot". Er engagierte dafür Heinz Erhardt zusammen mit Hans Joachim Kulenkampff und Walter Giller. Die drei waren ein Traumgespann und verbrachten viel Zeit auf dem Rhein, dessen Wasser Erhardt als Nichtschwimmer weniger schätzte als den Wein von den rheinischen Hängen. Dazu wurde gekocht, und zwar von Erhardt selbst, der nicht nur gerne aß, sondern auch so gut kochen konnte.

Kuli meinte: „Du solltest das hauptberuflich machen, so lecker habe ich selten gegessen." Erhardt strahlte über das ganze Gesicht und tischte jeden Tag noch mehr auf, so dass alle drei am Ende der Dreharbeiten einige Pfunde zugenommen hatten.

Heinz Erhardt, Hans Joachim Kulenkampff und Walter Giller in „Drei Mann in einem Boot", 1961

GERADE GEWÜRZGURKE GEGESSEN

DER G-SKETCH war ein besonders gelungenes Werk von Erhardt. Auf Tournee spielte er ihn jeden Abend bei einem bunten Programm mit Undine von Medvey und dem unvergessenen Bruce Low. Das Publikum sollte einen Buchstaben reinrufen und dann würde man ein Stück spielen, in dem jedes Wort mit diesem Buchstaben beginnt. Aus dem Publikum kam zuverlässig ein „G":

Von Medvey: „Getränk gefällig?"

Erhardt: „Genialer Gedanke! ... Gerade Gewürzgurke gegessen."

Heinz Erhardt und Undine von Medvey auf der Bühne

Das Publikum bog sich vor Lachen.

Wir spielten in Unkel am Rhein und hier gab es keine Bühne, sondern nur ein 50 cm hohes Podium. Undine von Medvey war so in ihrem Element, dass sie mitten im Sketch die Balance verlor und vom Podest auf die Tanzfläche fiel. Erhardt schaute, das Publikum lachte und daraufhin meinte er so trocken wie spontan: „Gefallene Göre".

DER G-SKETCH

Mitwirkende: Die Ehefrau (Sie), der Ehemann und der Hausfreund (Er).

- Er: Geliebte!
- Sie: Geliebter!
- Er: Günstige Gelegenheit! – Gatte ging!
- Sie: Getränk gefällig!
- Er: Genialer Gedanke! … Gerade Gewürzgurke gegessen.
- Sie: Glas Grog!
- Er: Gern!
- Sie: Gesundheit!
- Er: Gleichfalls! – Gutes Gesöff!
- Sie: Glücklich?
- Er: Gewiss! *(Kuss)*
- Sie: Geht ganz gut, gell?
- Er: Gib Gas! *(Kuss)*

Ehemann *(kommt)*: Genug gesehen! Große Gemeinheit!

Sie: Guter Gemahl!

Er: Gespräch ganz geschäftlich!

Ehemann: Glaube gar nichts! Greife Gewehr!

Sie: Gnade! Gütiger Gatte!

Er: Gerhard! Genosse!

Ehemann: Geh! Gangster! *(schießt)*

Er: Gesäß getroffen!

PHILOSOPH DER FREUNDLICHKEIT

CHRIS HOWLAND, der britische Schlagersänger, Radio- und TV-Moderator, gehörte zu Erhardts guten Freunden und zu meinem Exklusiv-Management.

„Mister Pumpernickel", wie er auch genannt wurde, lernte Erhardt Anfang der 60er-Jahre kennen. Die beiden absolvierten gemeinsam viele Gastspiele und Auftritte – Howland damals noch in gebrochenem Deutsch.

Jahre später schrieb Chris mir in einem Brief, warum er ein großer Bewunderer Erhardts war, selbst als er noch nicht genug Deutsch sprach, um Erhardts Wortakrobatik zu verstehen. Er schrieb:

„Als ich Erhardt das erste Mal begegnete, konnte ich noch kein Wort Deutsch verstehen. Doch als ich ihn auf der Bühne sah, wusste ich sofort, dass ich einen Meister vor mir habe. Oftmals wird gesagt, dass die Deutschen keinen Sinn für Humor haben, begeistern sich aber für Heinz Erhardt. Sicherlich darum, weil er ein Philosoph der Freundlichkeit war. Er kann glücklich, traurig, sogar frivol, aber niemals böse sein. Er schaut auf das Leben wie ein Kind von Naivität, mit dem Humor eines Clowns und der Logik eines Professors!"

ENDLICH TOURNEE!

1964 KAM ERHARDT ZU MIR nach Oldenburg und bei Kaffee und leckerem Kuchen machte er mir einen Vorschlag: „Herr Klemmer, lassen Sie uns eine Theater-Tournee machen."

Ich verschluckte mich fast an einem Stück Schwarzwälder Kirschtorte. Theater-Tournee? Davon hatte ich überhaupt keine Ahnung, ich war doch *Künstler-Manager!* Bevor ich meinen Bissen schlucken und überhaupt

„Das hat man nun davon": Uhde, Hellmann, Erhardt und Lichtenfeld

antworten konnte, meinte er: *„Ich habe genug Ideen für viele Theaterstücke. Also abgemacht, das machen wir dann."* Und so wurde ich zum Tournee-Unternehmer.

Ich sprach ihm nicht in die Stückauswahl hinein. Er als alter Theaterhase wusste am besten, was er spielen konnte. Dazu gehörte auch, dass er alle Stücke neu bearbeitete und sich seine Rollen auf den Leib schrieb. Waren Handlungen leicht verstaubt, hauchte er ihnen mit seiner Bearbeitung und seinem Wortwitz neues Leben ein.

Natürlich hatte er sich schon genaue Gedanken zur Tournee gemacht, von denen er mich dann in Kenntnis setzte: „Wir spielen zuerst in der kleinen Komödie bei Peter Ahrweiler in Hamburg. Dann kaufen wir ihm die

Seinen größten Erfolg feierte Heinz Erhardt mit der Komödie „Das hat man nun davon", die mehr als 600 Mal gespielt wurde.

Kulissen ab und engagieren die Schauspieler. Sie kaufen einen Kleinbus mit Anhänger, nehmen im Bus die Schauspieler und hinten im Anhänger die Kulissen mit und Gilda und ich fahren mit meinem Auto."

Theatertournee mit Kulissen im Gepäck, Schauspielern im Bus und Heinz Erhardt als Zugpferd – ich glaubte daran und stimmte diesem Plan zu.

In Hamburg feierten wir erfolgreich Premiere und gaben einige Vorstellungen, bevor ich mit den Schauspielern und den Kulissen im Bus Richtung Bad Liebenzell in den Schwarzwald fuhr, wo die Tournee begann. Heinz und Gilda Erhardt fuhren mit dem Mercedes voran und sie rief mir noch aus dem Auto zu: „Klemmerchen (so nannte sie mich immer), das wird schon!" Aber die Fahrt war der reine Horror. Es regnete in Strömen und als wir in Bad Liebenzell die Kulissen auspacken wollten, waren sie durch das Regenwasser schwer beschädigt. Was tun? Das gesamte Ensemble und ich wurden kurzfristig Kulissenbauer. Mit Tüchern, Farbeimern und Pinseln retteten wir, was zu retten war, und am Abend spielte man vor fast neuen Kulissen.

Dass dies der Startschuss für eines unserer meistgespielten Stücke werden sollte, konnte zu diesem Zeitpunkt niemand ahnen.

Erhardt hatte das Lustspiel „Wem Gott ein Amt gibt" von Lichtenberg völlig neu bearbeitet und nannte es

„Das hat man nun davon": Erhardt, Lichtenfeld und Hellmann

Mit der Kulisse im Gepäck im Anhänger auf Tour

„Das hat man nun davon". Meiner Meinung nach spielte er in diesem Stück seine Paraderolle überhaupt: Mit der Rolle des Willi Winzig, dem kleinen Beamten im Finanzministerium, hatte er die Lacher bundesweit auf seiner Seite.*

In Frankfurt feierten wir ein ganz besonderes Jubiläum – zum 500. Mal stand er dort in dieser Rolle auf der

---

* *Die Premiere des Stücks fand in der „Kleinen Komödie" in Hamburg statt. Danach ging man auf Tournee. Erhardt stand so gut wie jeden Abend auf der Bühne. Die letzte Aufführung im Theater war am 16. Dezember 1969. Am 1. Januar 1971 wurde die Fernsehaufzeichnung des Theaterstückes im ZDF erstmals ausgestrahlt. Das Stück bildete die Vorlage für den Spielfilm „Was ist denn bloß mit Willi los?" (1970).*

Bühne und begeisterte Jung und Alt. Besonders die jungen Menschen kamen in Scharen ins Theater – es genügte der Name Heinz Erhardt.

Insgesamt 612 Mal brillierte er als Willi Winzig – sein größter Theatererfolg überhaupt.

Eingeklebtes und kommentiertes Kalenderblatt aus Erhardts Album Nr. 14

HAUSMUSIK IM THEATER

DAS THEATERSTÜCK „Das hat man nun davon" war mit Musik unterlegt. Heinz Erhardt, ein begnadeter

Heinz Erhardt am Klavier

Pianist, und sein Schwiegersohn Hans Bertold, erster Cellist an der Hamburger Staatsoper, spielten diese Melodien zu Hause ein, bei den Aufführungen wurden ihre Stücke über Tonband abgespielt. Andere Künstler hätten sicherlich eine Tonaufnahme im Tonstudio aufgenommen, aber das wollte er nicht. Er fand es authentischer und besser, mit seinen Hauskonzert-Aufnahmen zu arbeiten.

KLAPPE, DIE DRITTE

SEIN WOHL BEKANNTESTES Theaterstück, „Das hat man nun davon", welches wir 612 Mal auf Tournee spielten, sollte für das ZDF live aufgezeichnet werden. Das war 1969.

Tatort: Düsseldorf, Regisseur: Ewald Buricke.

Buricke war bis dato Kameramann beim ZDF und dies seine erste Regiearbeit. Etwas unsicher bat er mich um Unterstützung und ich übernahm den Part des Aufwärmers und „Anklatschers". Das heißt, ich ging vor dem Stück vor den Vorhang, erklärte dem Publikum alles und bat darum, viel zu applaudieren und zu lachen. Dann ging es los.

Telefonklingeln hinter der Bühne – Erhardt kam raus – Applaus! – und aus.

Alles auf Anfang, das Matzband war herausgesprungen.

Also Erhardt wieder nach hinten, Vorhang wieder zu, ich wieder raus mit der Aufgabe, das Publikum die nächsten fünf Minuten bei Stimmung zu halten.

Telefonklingeln hinter der Bühne – Erhardt kam raus – Applaus! – und aus.

Alles auf Anfang, diesmal war ein Scheinwerfer ausgefallen.

Ein kritischer Moment, denn Heinz Erhardt fand das nicht mehr komisch und meinte: „Wer soll denn da noch lachen, wenn ich jetzt das dritte Mal rausgehe? Die Leute sind ja schon ausgelacht."

Aber er war eben ein Vollprofi, aller guten Dinge sind drei, und als das dann endlich das dritte Mal das Telefon klingelte und die TV-Sendung auch endlich aufgezeichnet werden konnte, tobte der Saal erst recht.

Ich war allerdings auch heilfroh, dass ich nach drei Anklatschnummern wieder hinter die Kulissen durfte.

Aber im Nachhinein war das natürlich eine unglaublich skurrile Situation gewesen, die wir in unserer jahrelangen Zusammenarbeit auch nur dieses eine Mal erlebt haben.

ICH MACHE KEINE WITZE!

WENN DIE TERMINE für die Gastspiele bekannt wurden, die ich mit Erhardt geplant hatte, stand mein Telefon nicht mehr still, weil Journalisten um Interviewtermine baten.

Als wir einmal in Dortmund gastierten, hatte ein junger Journalist einen solchen Termin ergattert, um ihn auch gleich wieder zu verlieren, weil er eine Frage stellte, die Heinz Erhardt so gar nicht leiden konnte, nämlich: „Wann fallen Ihnen eigentlich Ihre Witze ein?"

Die Antwort kam promt und war sehr ernst gemeint: „Ich mache keine Witze, Sie haben sich nicht auf das Interview vorbereitet und wissen gar nicht, wer ich wirklich bin."

Dann stand er auf und ging. Wer ihn als Witzeerzähler verkannte, bekam sein Fett weg – das war für Heinz Erhardt eine Beleidigung.

ERWISCHT!

IN DER NÄHE VON OLDENBURG gibt es das große Möbelhaus Maschal. Ich war mit dem Inhaber Manfred Schmidt befreundet, dem es gelungen war, dass sein Möbelhaus als Start- und Zielpunkt für die Deutschen Straßen-Radmeisterschaften fungierte.

Am Vorabend des Rennens hatte ich mit Heinz Erhardt noch einen Auftritt in Bad Zwischenahn. Das Radrennen sollte um 12 Uhr beginnen und damit konnte Heinz Erhardt sogar den Startschuss zu diesem Rennen geben.

Bei der Anfahrt sagte Erhardt kurz vor dem Möbelhaus zu mir: „Ich möchte und muss kurz austreten, es duldet keinen Aufschub." Mir ging es genauso, ich fuhr mit dem Auto rechts ran, wir beiden stiegen aus und stellten uns gemeinsam vor einen kleinen Busch.

Eine etwas peinliche und unangenehme Situation, als plötzlich ein Hausbewohner hinter uns stand. Zum Glück war er ein Erhardt-Fan und statt zu protestieren, fragte er nach einem Autogramm. Ich bat ihn eine Minute zu warten, er nickte und dann mussten wir drei gleichermaßen lachen.

HEINO, BITTE ZUR KASSE

EINE BESONDERE VERBUNDENHEIT gab es zwischen Erhardt und dem Sänger Heino. Als wir in Düsseldorf das Stück „Das hat man nun davon" spielten, lud ich Heino als Überraschungsgast zu dem Auftritt ein. Er sagte zu und kam.

Saßen prominente Menschen im Publikum, hatte Erhardt die Angewohnheit, sie namentlich in sein Programm einzubauen. Im Originaltext kam folgende Passage vor:

„Gehen Sie bitte hinunter zur Kasse der Verwaltung, da bekommen Sie ihre 100.000 Mark."

An diesem Abend fügte er hinzu: „Das Geld wird Ihnen Heino persönlich auszahlen."

Ein riesengroßer Gag, das Publikum tobte.

Heino und seine damalige Frau Lilo in den Siebzigerjahren zu Besuch bei Gilda und Heinz Erhardt

Mit Sohn Gero beim Rollenstudium
("Das hat man nun davon")

DIE KRÖNUNG

IMMER WENN HEINZ ERHARDT auf Wangerooge war, um im Hotel Fresena aufzutreten, war natürlich alles bis auf den letzten Platz besetzt. Und er konnte davon ausgehen, dass die Leute am liebsten seine Klassiker hören wollten. Wenn er meinte: „Heute bringe ich was Neues", riefen sie alle: „Nein, wir wollen die Made hören!" Seine frühen Werke waren immer zuverlässig *der* Renner, aber auch die neuen Sachen wurden natürlich angenommen.

Bäder-Tournée v. 25.5 — 17.6.67

Einmal habe ich am Folgeabend seines Auftritts die „Miss Wangerooge"-Wahl moderiert und Heinz Erhardt hatte frei. Ich fragte ihn, ob er Lust hätte, als Ehrengast zu kommen und das tat er. Und er saß nicht nur im Publikum, er nahm sogar an der Show teil und kürte die Gewinnerin, indem er ihr die Schärpe umlegte und ihr die Krone auf das Haupt setzte.

Hinterher beim Bier verriet er mir: „Das hat richtig Spaß gemacht, mache ich gerne und jederzeit wieder."

Die erfolgreiche Bädertournee 1968 (Helgoland) –
V. li. n. re: Ihmig-Brothers, Tourneeleiterin Ingrid Bäumer, Gilda Erhardt,
Heinz Erhardt, Undine v. Medvey und der Dritte der Ihmig-Brothers

Überfahrt nach Helgoland

ER AAL-TE SICH SO GERNE ...

WANGEROOGE ist seit Jahrzehnten eine zweite Heimat für mich, da wir dort eine Ferienwohnung besitzen. Und jedes Jahr traf ich mich dort mit Heinz Erhardt, um an einem schönen Ort über die Pläne des nächsten Jahres zu sprechen. So haben wir beide immer Arbeit mit Kurzurlaub verbunden.

Da ich wusste, wie gerne er Aal isst, ließ ich aus Bad Zwischenahn reichlich einfliegen und nach den Besprechungen gab es immer Schwarzbrot mit Aal. Um den Geruch von den Fingern zu bekommen, nutzten wir keinen Zitronensaft, sondern wuschen unsere Hände traditionell mit seinem Lieblingsschnaps, dem „Dodo".

„Dodo" ist eine eigene Erhardt-Wortschöpfung und heißt: Doppelter Doornkaat. Von diesem Kornschnaps genehmigte er sich gerne vor seinen Auftritten ein Gläschen – und ich gleich mit.

Für das Stück „Mit den besten Empfehlungen" war es mir gelungen, Senta Wengraf zu engagieren. Die österreichische Burgschauspielerin war auch durch ihre Rolle in den Sissi-Filmen mit Romy Schneider ein Star in ihrer Heimat. In unserem Stück war sie eine perfekte Ergänzung zu Heinz Erhardt. Ganze 410 Mal traten die beiden in diesem Stück gemeinsam auf die Bühne.

Eines Abends nach einer Vorstellung in Bad Zwischenahn luden Erhardt und ich Senta Wengraf zum Aal-Essen ein.

Als nach dem Essen der Kellner kam und sie bat, die Hände auf den Tisch zu legen, damit er sie mit Korn abspülen konnte, dachte sie, sie hätte sich verhört. Wir machten es vor, sie schaute uns ungläubig zu und meinte: „Das ist ja furchtbar! Aber der Aal hat geschmeckt."

Die erste Autogrammkarte

Seine Werbewirksamkeit hatte in den frühen Sechzigerjahren ihren Höhepunkt: Dieser Möbelhaus-Prospekt wurde an 18 Millionen Haushalte verteilt. Heinz Erhardt hat hier seinen Namen deshalb unterstrichen, weil er sehr zu seinem Ärger einmal mehr falsch geschrieben war.

„APPEL DIE PAPPEL"

HEINZ ERHARDT hatte zahlreiche Werbeaufträge. So lieh er seine Stimme auch der Firma Appel-Feinkost. Sein Text lautete zwar: „Guten Tag, hier bei mir – äh bei Appel! Wer *A* sagt, muss auch *pell* sagen!"
Wenn wir über diesen Auftrag sprachen, sagte er immer: „Appel die Pappel."

Heinz Erhardt war nicht als Person zu sehen, man sah nur seine Hände und hörte seine Stimme. Trotzdem sprachen ihn daraufhin immer wieder Leute auf der Straße an und meinten, sie hätten ihn im Fernsehen gesehen.

Er wusste es aber ganz genau, dass er nicht aufgetreten war und entgegnete stets verwundert: „Das kann nicht sein, ich war nicht im Fernsehen."

Erst später kamen wir darauf, dass die Leute wirklich nur, weil sie seine Stimme gehört hatten, überzeugt waren, sie hätten ihn auch gesehen. Besser kann ein Werbespot ja nicht funktionieren!

Als wir das herausgefunden hatten, änderte er seine Antwort in: „Ach, das ist aber schön, dass Sie mich gesehen haben. Das freut mich sehr." Ein Schmunzeln konnte er sich nicht verkneifen und ein Augenzwinkern in meine Richtung auch nicht.

AUF DEN HUND GEKOMMEN

DER SOMMER war für jeden Künstler die Hauptsaison. Heinz Erhardt konnte es kaum abwarten, alle 14 Tage auf der Nordseeinsel Wangerooge zu gastieren.

Um sich von den doch anstrengenden Abendvorstellungen ein wenig zu erholen, liebte er lange und ausgedehnte Spaziergänge.

Soloabend auf Wangerooge mit Conférencier Frederic Eté

Auf seinem Weg zurück ins Hotel schoss plötzlich der Hund des Hoteleigentümers auf ihn zu, zerrte an seinem neuen Sommermantel und biss ein riesiges Loch hinein. Erhardt fand das nicht gerade komisch. Dem Inhaber des Hotels war das natürlich höchst unangenehm und er bat Erhardt, sich einen neuen Mantel zu kaufen und ihm die Rechnung beim nächsten Treffen zur Begleichung vorzulegen.

Bereits am nächsten Tag flog Erhardt nach Helgoland und kaufte sich dort einen neuen, sehr eleganten Mantel. Dann schickte er eine Postkarte an den Hotelier mit den Worten: „Sie sollten wissen, ich habe mir auf Helgoland einen neuen Mantel gekauft, den ich Ihnen beim nächsten Gastspiel zeigen werde. Ihrem Hund zeigen wir ihn aber nicht. Und bitte sagen Sie ihm auch nichts."

WER DEN PFENNIG NICHT EHRT …

ALEXIS, ein großer Komödiant des Varietés und des Kabaretts, war mit Heinz Erhardt eng befreundet. Oftmals hatten sie dieselben Engagements und beide liebten es, in den Pausen Skat zu spielen. Wer dabei der dritte Mann war, interessierte sie nicht, solange er das Spiel beherrschte.

Einmal blieb Alexis aus einem Spiel Erhardt einen Pfennig schuldig. Als Erhardt nach der Tournee wieder zu Hause in Hamburg war, schrieb er seinem Duzfreund Alexis einen sehr formellen Brief:

„Sehr geehrter Herr Alexis! Bei Durchsicht meiner Bücher musste ich feststellen, dass Sie mir immer noch einen Pfennig vom letzten Skatspiel schulden. Bitte überweisen Sie doch diesen Betrag umgehend. Ihr Erhardt".

Daraufhin schrieb Alexis zurück:

„Lieber Herr Erhardt! Es ist richtig, dass ich Ihnen immer noch einen Pfennig schulde. Meine momentane finanzielle Lage lässt es aber nicht zu, diese Schuld auf einmal zu begleichen. Ich bitte um Gewährung von Ratenzahlungen. Ihr Alexis".

Erhardt antwortete umgehend: „Sehr geehrter Herr Alexis! Ich habe auch meine Verpflichtungen und brauche das Geld. Sofortige Überweisung, oder ich muss einen Anwalt einschalten. Ihr Erhardt".

Nach einer Woche klingelte es bei Erhardt an der Haustüre und ein Briefträger brachte eine Postanweisung über einen Pfennig. Erhardt quittierte und schickte folgendes Telegramm:

„Lieber Alexis! Schuld beglichen. Ihr Erhardt".

Ein großer Spaß für die beiden, der ihnen die Gesamtkosten von 6,40 Mark auf jeden Fall wert war.

Heinz Erhardt im Fresena auf Wangerooge

AUSVERKAUFT

DIE TOURNEEN waren lang und anstrengend. Wenn wir uns im nächsten Veranstaltungsort trafen, fragte Erhardt mich immer als Erstes: „Ist es gut verkauft?" Wenn ich bejahte, sah ich die Erleichterung in seinem Gesicht und er zeigte sein berühmtes Lachen.

Aber es lief nicht immer alles perfekt und selten, aber doch kam es vor, dass nur einige Karten noch zu haben waren. Das konnte Erhardt nicht akzeptieren und schlug deshalb vor: „Wir gehen in die Stadt und laufen Reklame."

Gesagt, getan, er zog los in Richtung Zentrum, mit mir im Schlepptau, grüßte jeden herzlich und empfahl seine Abendveranstaltung.

Dabei ging es ihm nicht um Geld, sondern um die Atmosphäre im Saal. Nur ein volles Haus garantierte die Stimmung, die er brauchte, um sich auf der Bühne richtig entfalten zu können.

Nebenstehend eine Seite aus
Heinz Erhardts Alben

SONNENSCHEIN UND REGEN

DIE RUDI-CARRELL-SHOW gehörte in den 60ern und 70ern zum Besten, was das Fernsehen zu bieten hatte. Erhardt sollte mit Rudi einen Sketch spielen zum Thema Sonne und Regen.

Carrell und Erhardt sangen im Wechsel Sonnen- und Regenlieder. Nur, dass bei Heinz Erhardt jedes Mal, wenn er sein Lied anstimmte, von oben Wasser auf ihn regnete. Nach dem dritten Lied wurde es ihm zu bunt:

„Das finden sie wohl komisch?"

Carrell: „Sie vertragen doch Spaß!"

Erhardt: „Spaß – ich hab sogar Humor, ich hab sogar trockenen Humor! … Aber nicht in der nassen Hose!"

Dann meinte er zu Carrell: „Sie singen jetzt ein Regenlied und ich ein Sonnenlied."

Gesagt, getan. Problem: Carrell stimmte „Aus Büblein klein" an und hatte einen Texthänger. Als er Erhardt fragte, wie der Song weitergeht und er „Juheissa, bei Regen und Wind" ergänzte, prasselte wieder eine große Ladung Wasser von oben auf Erhardt herab und das Publikum bog sich vor Lachen.

Am Abend saß ich mit den beiden noch an der Hotelbar und die beiden Herren stimmten immer wieder Sonnen- und Regenlieder an und konnten sich kaum halten vor Lachen.

MAN MUSS NUR WISSEN, WIE …!

HEINZ ERHARDT LEGTE VIEL WERT darauf, in guten Hotels abzusteigen, wenn er auf Tournee war oder irgendwo ein Gastspiel gab. Als wir 1969 am Millowitsch Theater in Köln spielten, war es wegen einer Messe allerdings schwer, ein gutes Hotelzimmer zu bekommen. Für den Star Erhardt fand sich zwar noch ein gutes Zimmer, aber ich landete in einer Pension am Bahnhof, die alles andere als einladend war.

Kaum hatte ich eingecheckt, rief Erhardt mich an und meinte: „Kommen Sie in das Hotel am Ring, ich habe hier auch ein Zimmer für Sie."

Auf meine Frage, wie er das geschafft hätte, erklärte er: „Das habe ich von Ihnen gelernt, Herr Klemmer. Bestechung! Ich habe dem Chefportier zwei Karten für unsere nächste Vorstellung geschenkt."

Ich war baff. Und noch unglaublicher war, dass er die Karten bezahlt hatte.

KOMPLIMENT

KÖLN war ein besonderer Ort für Premieren. Das Millowitsch Theater war dann grundsätzlich komplett ausverkauft – sogar schon vier Wochen im Voraus.

Nach der Premiere feierten wir im Hotel am Ring, wo wir wohnten, mit einem Umtrunk den geglückten Auftakt der Tournee. Willy Millowitschs Tochter hatte offenbar auch richtig Spaß gehabt. Nach einigen Gläschen Sekt nahm sie mich beiseite und gestand: „Ich habe mehr gelacht als bei

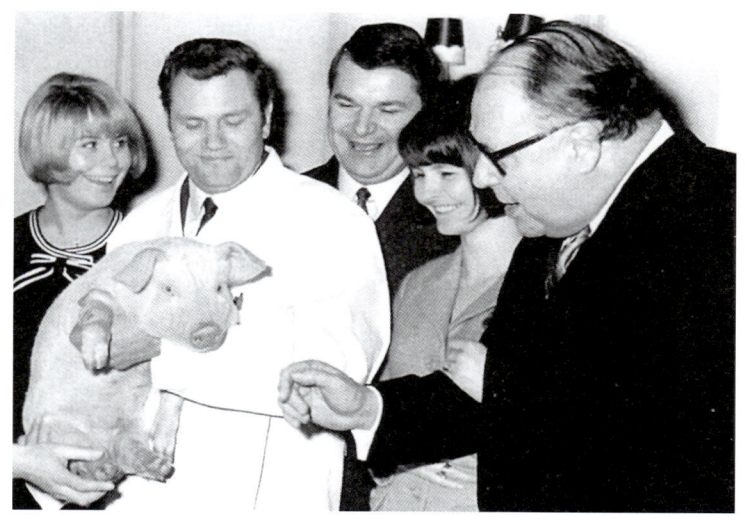

*Erhardts 60. Geburtstag. Das Ferkel sollte Glück bringen!
Mitarbeiter des Nordsüd-Theaters mit Horst Klemmer*

*Ich (recht) mit meinem Geburtstagsferkel.
20.2.69*

meinem Vater." Das hatte Heinz Erhardt mitbekommen und meinte zu ihr: „Millowitsch ist aber auch toll und humorvoll."

Vergleichende Komplimente musste er grundsätzlich zurückgeben, sonst war es ihm unangenehm.

Heinz Erhardt und Willy Millowitsch standen auch gemeinsam vor der Kamera: 1958 in „Vater, Mutter und 9 Kinder"

SCHÖN, WENN MAN EINEN VOGEL HAT!

IN SEINEM SEHR ERFOLGREICHEN Stück „Das hat man nun davon", mit dem wir ab 1968 durch Deutschland, Österreich und die Schweiz tourten, spielten wir auch in Köln.

In dem Stück gibt es eine Sequenz, in der Erhardt als Finanzbeamter Willi Winzig zu seiner Sekretärin sagte: „Auf Wiedersehen, großer weißer Vogel." Sein Partner, der einen Minister spielte, fragte: „Warum haben Sie das gesagt?" Und Winzig antwortete: „Wenn ich dumme Gans sage, geht sie zur Gewerkschaft."

In den vier Wochen, in denen wir in Köln gastierten, hatten Heinz Erhardt und ich uns im Traditionsrestaurant „Marienbildchen" auf der Aachener Straße an einem Sonntag zum Essen verabredet.

Als wir an unserem reservierten Tisch Platz genommen hatten, kam ein Kellner mit einer Torte zu uns an den Tisch. Auf der Torte stand eine große weiße Gans und der Text „Sie großer weißer Vogel".

Wir waren etwas ratlos, bis der Inhaber zu uns an den Tisch kam. Er begrüßte uns sehr herzlich und meinte: „Ich war in der Vorstellung und möchte mich für den tollen Abend bei Ihnen bedanken."

DER HALVE HAHN

ALS „HALVE HAHN" wird in Köln kein halbes Hähnchen bezeichnet, sondern ein Käsebrot. Das hatte ich von Frau Leim, der Schwester von Willy Millowitsch, erfahren und machte mir einen Scherz.

Nach einer Vorstellung lud ich alle Schauspieler und Heinz Erhardt in ein Restaurant ein, um zusammen Halven Hahn zu essen. Die Freude war groß, alle freuten sich auf ein knuspriges Hähnchen. Als dann die zwölf Portionen an den Tisch gebracht wurden und alle sahen, dass es sich um einfache Käsebrote handelte, sank die Stimmung in den Keller. Selten habe ich Heinz Erhardt so enttäuscht dreinschauen sehen. Er war Fleischesser und mochte überhaupt keinen Käse.

Aber ich wollte mir ja nur einen Scherz erlauben und hatte natürlich auch echte halbe Hähnchen bestellt, die – kaum, dass alle wussten, was ein Kölscher halver Hahn ist, an den Tisch gebracht wurden.

Die Stimmung stieg sehr schnell wieder, Heinz Erhardts Laune hob sich sichtbar und ich hatte auch mal einen Gag gelandet.

RADIESCHEN UND RÜHREI

Ilka Jeschke

MEIN KÜNSTLER-MANAGEMENT firmierte unter dem Namen „Gastspiel- und Theaterdirektion Nordprogramme Oldenburg". Meine rechte und linke Hand war meine großartige Sekretärin Ilka Jeschke. Sie konnte ich auch für die Betreuung von Heinz und Gilda Erhardt einsetzen und wusste, sie würde sich um alles kümmern.

1970 gastierten wir im Volkstheater in der Brienner Straße in München und Ilka ging jeden Morgen mit Erhardts zum Frühstück ins Café Kreuzkamm in der Maffeistraße, denn beide Erhardts aßen gerne Rührei. Eines Tages meinte Ilka: „Herr Klemmer, wissen Sie eigentlich, dass Erhardt eine Vorliebe für Radieschen hat? Ich laufe jeden zweiten Tag auf den Viktualienmarkt und kaufe die roten Dinger haufenweise." Das war mir neu. Neu war auch, dass er im Hotel Königshof in München nach jedem Gastspiel erst mal ein frisch gezapftes Pils trank – natürlich nur im Silberbecher, so blieb es schön kalt.

*Vorstellung des neuen Videos „Das hat man nun davon".
Mit Gilda und Gero Erhardt am Flügel*

Unser erfolgreiches Theaterstück „Das hat man nun davon" als Video

TIEF GESUNKEN

IM KURHAUS BAD PYRMONT gab es 1970 eine wichtige Besprechung. Dabei waren Gilda und Heinz Erhardt, ich als Manager und Dr. Peter Krohn vom Fackelträger Verlag aus Hannover, in dem Heinz Erhardts Bücher erschienen. Krohn war damals auch Präsident des HSV.

Während Erhardt und Dr. Krohn jeweils auf einem Sessel Platz nahmen, setzte ich mich zusammen mit Gilda auf das Sofa.

Die Besprechung war sehr intensiv und konzentriert. Nur dass ich merkte, wie Gilda und ich langsam, aber stetig immer tiefer mit dem Sofa abrutschten. Das gute Stück schien seinen Geist aufzugeben. Und so ging es immer weiter abwärts, bis schlussendlich die Sofabeine abbrachen und wir auf dem Boden landeten. Sie können sich vorstellen, wie die seriöse Runde von einem heftigen Lachanfall geschüttelt wurde.

Als Heinz Erhardt wieder Luft bekam, gab er uns den Rest, indem er sagte: „Ihr beide seid tief gesunken!"

DIE 500. VORSTELLUNG

ZU DEM SEHR BESONDEREN ANLASS der 500. Vorstellung von „Das hat man nun davon" im „Frankfurter Schauspielhaus" im November 1970 hatte ich mir für Heinz Erhardt – um ihm eine Freude zu machen – etwas Besonderes ausgedacht.

Zur 100. Aufführung in Hamburg (9.4.1968) hatte Erhardt von Peter Ahrweiler 100 Tulpen geschenkt bekommen.

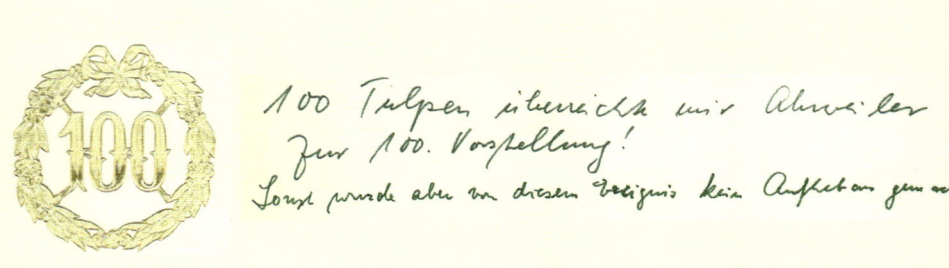

Heinz Erhardt schreibt im April 1968 in sein Album:
„100 Tulpen überreichte mir Ahrweiler zur 100. Vorstellung!
Sonst wurde aber zu diesem Ereignis kein Aufhebens gemacht!"

Nun zur 500. bat ich die Firma Doornkaat um 500 Minifläschchen seines „Dodo", die ihm am Ende der Vorstellung von der damalig amtierenden Miss Germany Gesine Froese überreicht werden sollten.

> „Das hat man nun davon' ist zu einer Sensation geworden! Die Leute reißen sich um die Karten! Kein Wunder: Wann wurde jemals im Theater sooo gelacht? Nicht einmal in „Charleys Tante', nehme ich an. Ich will dieses Stück noch mindestens 3 Jahre spielen (wenn's geht) …

Heinz Erhardt schreibt im Oktober 1968 in sein Album:
‚Das hat man nun davon' ist zu einer <u>Sensation</u> geworden! Die Leute reißen sich um die Karten! Kein Wunder: Wann wurde jemals im Theater sooo gelacht? Nicht einmal in ‚Charleys Tante', nehme ich an. Ich will dieses Stück noch mindestens 3 Jahre spielen (wenn's geht) …"

So geschah es. Mit einem riesigen Geschenkkorb betrat Frau Froese nach dem Schlussapplaus die Bühne und für diese gelungene Überraschung gab es vom Publikum Standing Ovations und von Heinz Erhardt eine weitere Zugabe.

Als Erinnerung an diese denkwürdige Vorstellung überreichte ich Heinz Erhardt diese Jubiläumsmünze.

DUGENER

UNSERE GROSSE TOURNEE mit „Das hat man nun davon" führte uns auch in die Siegerlandhalle in Siegen. Erhardts Tochter Marita Malicke und Familie saßen im Publikum und Erhardt konnte es kaum erwarten, auf die Bühne zu kommen.

Die Aufführung war großartig, das Publikum lachte und der Applaus wollte nicht enden. Da nahm er am Schluss das Mikrophon in die Hand und sagte: „Liebe Siegener, ich danke Ihnen herzlich und möchte Ihnen anbieten, dass wir uns zukünftig duzen. Mit anderen Worten: Sie sind ab sofort meine lieben *Du*gener."

GEBURT IM THEATER

ETWAS SEHR BESONDERES passierte einmal bei einem Gastspiel in Uelzen. Erhardt trat dort mit dem Theaterstück „Mit besten Empfehlungen" auf.

Gerade, als es im Saal ruhig wurde und Erhardt mit seinem Text begonnen hatte, sah ich in der ersten Reihe eine hochschwangere Frau sitzen. Sie bewegte sich immer

Heinz Erhardt
in einem neuen Lustspiel

»MIT BESTEN EMPFEHLUNGEN«
von Hans Schubert

15. Januar 1971

Sehr geehrte Damen und Herren,

wir freuen uns sehr, Ihnen das obige Theaterstück mit Heinz Erhardt in der Hauptrolle anbieten zu können. Mehr als fünfhundertmal erfreute Heinz Erhardt sein Publikum als »Willi Winzig« in dem Lustspiel »Das hat man nun davon . . .«. Jeden Abend gab es das große Lachen in vollbesetzten Theatern. Der Höhepunkt der Begeisterung war die 500. Vorstellung im ausverkauften Schauspielhaus in Frankfurt.

Heinz Erhardt stellte mit 509 Vorstellungen einen einmaligen Tournee-rekord in Deutschland auf. Am 1. Januar 1971 wurde dieses Lustspiel im ZDF gesendet und erzielte eine außerordentlich hohe Sehbeteiligung.

Und nun geht der unverwüstliche Heinz Erhardt mit einem neuen Stück auf Tournee. Er hat das bekannte Erfolgslustspiel »Mit besten Empfehlungen« von Hans Schubert neu bearbeitet. Am 1. Weihnachtstag war in der »Kleinen Komödie« in Hamburg eine vielumjubelte Premiere. Schon jetzt sind für die nächsten Wochen keine Karten mehr zu bekommen. Im Herbst 1971 und im Frühjahr 1972 ist Heinz Erhardt mit diesem Stück auf Tournee.

Sicherlich wird sich auch Ihr Publikum freuen, diesen Künstler einmal persönlich zu sehen und von Herzen lachen zu können. Da nur wenige Termine zur Verfügung stehen, bitten wir Sie, uns Ihre Terminwünsche umgehend bekanntzugeben.

Wir würden uns über Ihre Buchung freuen und grüßen Sie - wie Heinz Erhardt -

                    mit besten Empfehlungen

                    n o r d s ü d - t h e a t e r
                horst klemmer   hans h. müller

unruhiger und das Gesicht wurde immer schmerzverzerrter. Als Vater zweier Kinder war mir sofort klar: Die Wehen hatten eingesetzt, der Frau musste sofort geholfen werden. Ich rief den Sanitätsdienst an und die Dame schaffte es dank tatkräftiger Hilfe gerade noch aus dem Theater in den Krankenwagen, wo sie einen Sohn gebar.

Erhardt und ich besuchten die Dame später im Krankenhaus, um zu gratulieren. Sie freute sich über den Besuch und meinte: „Ich werde ihn Heinz nennen, Sie haben doch nichts dagegen?"

„Aber nein", meinte Erhardt, „im Gegenteil. Das freut mich sehr."

WELCHES SCHWEINDERL HÄTTEN'S GERN ...

AM 23. FEBRUAR 1971 war Erhardt zu Gast in der Sendung „Was bin ich? – Das heitere Beruferaten" von Robert Lembke, die ein absoluter Straßenfeger war. Nach dem Beruferaten musste eine Jury durch Fragen einen Prominenten, den sie nicht sehen konnte, erraten. Bei den Berufen war die Jury an diesem Abend so schnell, dass für den Promi Heinz Erhardt noch zwölf Minuten

Sendezeit übrig blieben, die er geschickt für sich nutzte: Es sollte einer seiner erfolgreichsten TV-Auftritte überhaupt werden, denn er improvisierte nicht nur, sondern er startete spontan eine einmalige Werbekampagne für sein neues Buch. Er hatte es mitgebracht und las daraus vor, zeigte immer wieder den Titel und sagte: „Ich will keine Reklame machen, kostet 15 Mark." Erraten wurde Erhardt übrigens nicht.

Nach dieser Sendung hatten wir ein Engagement im Kursaal Westerland auf Sylt. Nach solchen Veranstaltungen gab er immer Autogramme. Eine junge Frau kam auf mich zu und fragte, ob sie Heinz Erhardt sprechen könnte. Sie konnte.

Erhardt fragte sie: „Meine Dame, was kann ich für Sie tun?" Und sie antwortete: „Lieber Herr Erhardt, ich bin Verkäuferin in einer Buchhandlung in Kassel. Nach Ihrem Auftritt bei „Was bin ich" sind an einem einzigen Tag alle Ihre Bücher über den Ladentisch gegangen, wir waren restlos ausverkauft. Das wollte ich Ihnen nur persönlich sagen."

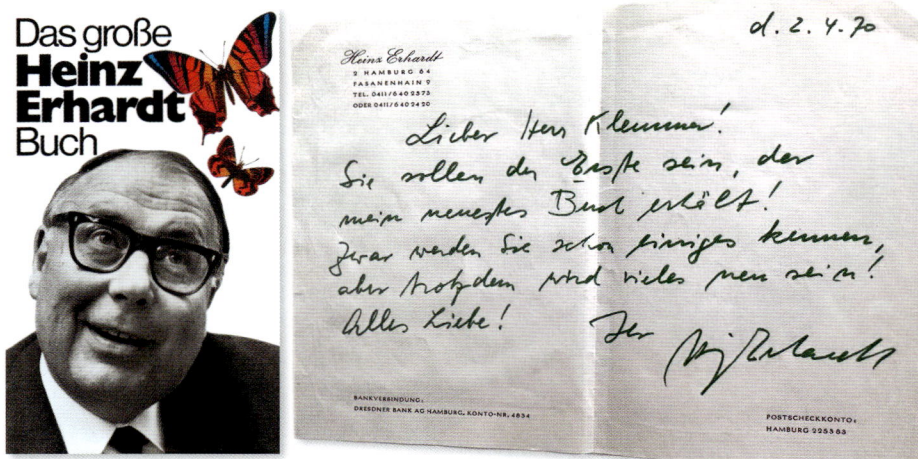

MAREK ERHARDT

DIE ARD-FERNSEHLOTTERIE, 1956 gegründet, war in den 60er-Jahren ein Straßenfeger und halb Deutschland saß vor den Fernsehern. Damals wurde immer eine Fünf-Mark-Münze eingeblendet, auf der ein Kind zu sehen war.

Eines Tages rief mich Erhardt ganz aufgeregt an und meinte stolz: „Herr Klemmer, mein Enkel Marek, der Sohn von Gero, ist auf dem Fünf-Mark-Stück. Das ist der Beginn einer großen TV-Karriere."

Er sollte recht behalten. Aus Marek Erhardt, dem Sohn des namhaften Regisseurs Gero Erhardt, wurde ein anerkannter Schauspieler und Synchronsprecher.

HATSCHI

DAS THEATER „ZIEGELHOF" war restlos ausverkauft, als wir 1971 das letzte Mal vor Erhardts Krankheit in Oldenburg spielten.

In der ersten Reihe saß mein Sohn Ralf, damals sieben Jahre alt. Wie das bei Kindern so ist: Mitten im Stück musste er niesen. Erhardt unterbrach seinen Text, schaute meinen Sohn an und wünschte „Gesundheit". Die Zuschauer wunderten sich und Erhardt erklärte: „Das ist der Sohn meines Direktors, da muss ich Gesundheit sagen, sonst gibt's Ärger."

KRANKWERDEN WAR NICHT GEPLANT

SEINEM PUBLIKUM brachte Heinz Erhardt stets den größten Respekt entgegen. Er setzte sich sehr unter Druck, denn es war für ihn eine Katastrophe, die Gäste vielleicht zu enttäuschen oder gar eine Vorstellung absagen zu müssen.

Oft hatte er Schmerzen in den Füßen oder Knien, ließ sich aber jedes Mal fit spritzen. Einmal hatte es ihn aber so böse erwischt, dass nichts zu machen war und er im Bett bleiben musste, um sich auszukurieren.

Wir spielten „En Suite" in der Stadthalle in Bremen, am nächsten Morgen wachte er mit knapp 40 Grad Fieber auf. Es ging ihm elendig, am meisten aber litt er darunter, dass wir über Radio Bremen und über die Stadthalle mitteilen lassen mussten, dass der Künstler am Abend nicht auftreten konnte.

BADEN-BADENER ROULETTE

IM SEPTEMBER 1971 stand Baden-Baden auf dem Programm. Dort sollte Heinz Erhardt, unter der Produktionsleitung von Wolfgang Penk, für den Südwestfunk das „Baden-Badener Roulette" moderieren. Ich lernte Penk, später Unterhaltungschef beim ZDF, bei dieser Gelegenheit kennen – und wir sollten bis zu seinem Tod befreundet bleiben.

Erhardt bekam das Drehbuch und las seinen Moderationstext durch und meinte zu mir: „Diesen Text kann ich nicht sprechen. Das ist kein Erhardt-Text, so kennen mich die Leute nicht. Sprechen Sie bitte mit Penk. Entweder ich fahre nach Hause oder schreibe die ganze Nacht alles um. Das wäre viel Arbeit und dafür möchte ich logischerweise mehr Geld haben."

Ich kannte ihn gut genug, um zu wissen, dass er das absolut ernst meinte. Also musste ich dieses heikle Gespräch mit Wolfgang Penk führen. Der reagierte zum Glück sehr gut: „Um Gottes Willen, er soll bloß nicht abreisen, wir legen 5.000 Mark auf seine Gage obendrauf!"

Also legte Erhardt eine Nachtschicht ein und schrieb in seinem Hotelzimmer einen komplett neuen, witzigen Moderationstext. Doch mitten in der Nacht bat er mich um Hilfe. Als ich in sein Zimmer kam, sagte er: „Herr Klemmer, wie soll ich hier in Ruhe schreiben? Im Zimmer nebenan wird pausenlos Gitarre gespielt. Bitte unternehmen Sie etwas, ich finde keine Ruhe."

Also ging ich zum Hotelzimmer nebenan und klopfte an die Türe – nichts tat sich. Ich klopfte wieder – ohne Erfolg. Ich wurde energisch und haute mit aller Kraft dagegen. Endlich öffnete sich die Zimmertüre und ein mir Unbekannter stand mir im Schlafanzug gegenüber.

Der war allerdings gar kein so Unbekannter: Neben Heinz Erhardt logierte Mister „Butterfly", Danyel Gérard, der am nächsten Tag der Aufzeichnung auch zu den auftretenden Künstlern gehörte und der nun mitten in der Nacht freundlicherweise sein Gitarrenspiel beendete.

Ich bin wohl einer der wenigen Menschen auf dieser Welt, der den Star ohne Hut, dafür aber im Schlafanzug gesehen hat …

Insgesamt drei Tage waren wir mit Udo Jürgens, Daliah Lavi, Katja Ebstein, Danyel Gérard und Mary Roos im Hotel Tannenhof in Baden-Baden untergebracht und hatten nach dem nächtlichen Intermezzo an den folgenden Abenden viel Spaß zusammen – auch an der Hotelbar. Erhardt konnte nicht nur selbst witzig sein, er genoss auch den Humor seiner Kollegen. So erzählte Daliah Lavi fast zwei Stunden ununterbrochen jüdische Witze und er bog sich vor Lachen.

Am nächsten Tag bei der TV-Aufzeichnung moderierte er seine Kollegen derart brillant an, dass ich das bis heute nicht vergessen habe.

... das ist auch
noch das „Baden-
Badener Roulette",
das am 30.10.71
ausgestrahlt werden
soll (im I. Programm)!
Hoffentlich ist die
Sendung ankommen,
denn ich habe mir
viele Mühe gegeben!
28.9.71

Aus seinem letzten Album: Fotos und Gedanken zum „Baden-Badener Roulette"

Waren auch beim Baden-Badener Roulette dabei: Katja Ebstein und Danyel Gérard

Regiebesprechung: Heinz Erhardt mit Udo Jürgens(li.) mit dem ehemaligen ZDF-Unterhaltungschef Wolfgang Penk (Mitte)

*Sein letzter TV-Auftritt 1971 in „Baden-Badener Roulette"
mit TV-Star und Sängerin Daliah Lavi*

Mary Roos sagte er folgendermaßen an: „Es gibt drei berühmte Marys: Mary Steward, Mary Christmas und Mary Roos."

Katja Ebstein präsentierte er mit folgenden Worten: „Es muss ein ganz schöner Depp sein,
der sie nicht kennt, die Katja Ebstein."

Und als er Udo Jürgens mit dessen Lied „Es war einmal ein Luftballon, der flog nach Prag" ansagte, konnte er sich nicht verkneifen zu sagen: „Das ist ja 'ne schöne runde Sache."

Nach dieser gelungenen Sendung fuhren wir mit dem Taxi zum Bahnhof. Dort erwarteten uns zwei Freunde aus Baden-Baden und hatten Dodo im Gepäck.

UWE SEELER UND DAS AUTOGRAMM

HEINZ ERHARDTS LETZTER FILM „Willi wird das Kind schon schaukeln" wurde u. a. im Rathaus in Berlin Charlottenburg gedreht.

Erhardt spielte den Präsidenten eines kleineren Fußballvereins, der aber von seinem Job herzlich wenig Ahnung hatte. Erschwerend kam hinzu, dass der Verein gegen den Abstieg spielte und dringend einen guten Mittelstürmer brauchte. Doch womit sollte der bezahlt werden? Gottlob hatte der Präsident eine reiche Schwester, die von dem Dilemma gehört hatte und helfen wollte. So brachte sie einen Fußballer mit – keinen Geringeren als Uwe Seeler!

1971 war Seeler Nationalspieler und so bekannt wie beliebt. Der einzige, der ihn nicht kannte, war die Filmfigur Heinz Erhardt, der Fußballpräsident. Heinz Erhardt und Uwe Seeler kannten sich natürlich gegenseitig aus Hamburg, auch wenn sie noch nie lange miteinander gesprochen hatten.

Umso schöner war es für beide, sich bei diesem Dreh wiederzutreffen.

Am Ende seines Auftritts ging Uwe Seeler zu Heinz Erhardt und bat ihn beinahe schüchtern um ein Autogramm. Und Erhardt sagte: „Aber nur, wenn ich auch eins von Ihnen bekomme, Sie sind so ein toller Fußballer!"

Man tauschte die Autogramme aus und seit diesem Tag war Heinz Erhardt HSV-Anhänger.

Mit Uwe Seeler, Dezember 1971 in Berlin

MÜNCHEN-BERLIN

IM SOMMER 1971 HATTEN wir mit großem Erfolg im Theater an der Brienner Straße in München gespielt: vier Wochen vor ausverkauftem Haus. Ein riesiger Erfolg.

Gemeinsam fuhren wir aus München mit Erhardts Auto nach Berlin. Dort angekommen, sagte er schelmisch zu mir: „Jetzt fahren wir zur nächsten Tankstelle, lassen aus den Reifen die Münchener Luft und machen echte Berliner Luft hinein."

DAS IST (DER) BERLINER LUFT

DAS DAMALS NOCH GETEILTE BERLIN nahm im Leben von Heinz Erhardt einen besonderen Stellenwert ein. Er freute sich wie ein Kind, wenn er dort Theater spielen konnte. Diese Liebe zu Berlin begann 1969 bei einem vierwöchigen Gastspiel im Hansa-Theater, das ein großer Erfolg war.

Zwei Jahre später hatte er im August ein Engagement im Hebbel-Theater und ich erinnere mich, dass die Menschen in Berlin von einer unerträglichen Hitzewelle heimgesucht wurden. Dementsprechend kam das Publikum in sehr leichter Garderobe, denn damals gab es noch keine guten Klimaanlangen.

Als Erhardt, wie immer, vor seinem Auftritt durch den Vorhang spionierte, um zu sehen, ob auch ausverkauft war, drehte er sich zu mir um und meinte erschrocken: „Herr Klemmer, da sitzen nur Halbnackte im Theater, was bedeutet das?" Und ohne meine Antwort abzuwarten, packte er mich am Arm und meinte: „Oh mein Gott, in der ersten Reihe sitzt Friedrich Luft, auch das noch, nun kriegen wir unser Fett weg."

Man muss wissen, Friedrich Luft war der berühmteste und gefürchtetste Theaterkritiker der damaligen Zeit.

An diesem Abend glänzte Heinz Erhardt ganz besonders, das Publikum tobte und zwei Tage später erschien die Kritik von Luft und ein Kommentar im Rias Berlin. Die Befürchtungen von Erhardt bewahrheiteten sich nicht, die Kritiken waren voll des Lobes. Das war dann auch das erste Mal, dass ich Erhardt sagen hörte: „Es war tatsächlich ein großer Triumph."

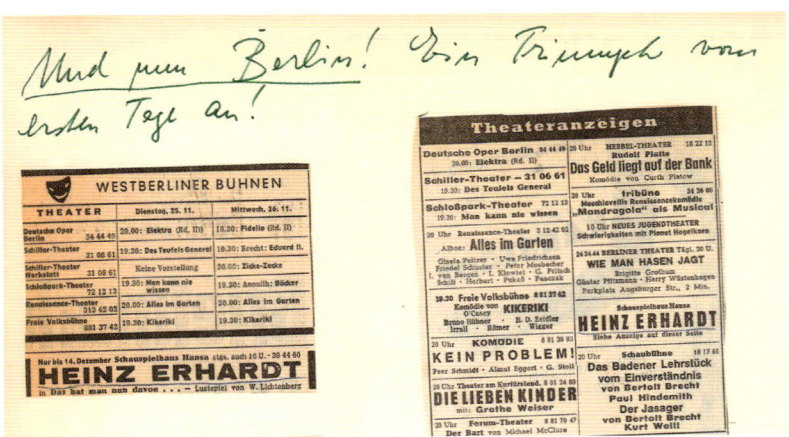

Heinz Erhardt

Heinz Erhardt · 29 Oldenburg · Postfach 589

Vertreten durch
Horst Klemmer

Ihr Zeichen	Ihre Nachricht vom	Mein Zeichen	Datum
		1/Je	des Poststempels

Sehr geehrte Damen und Herren,

aufgrund unserer langjährigen, äußerst erfolgreichen Zusammenarbeit auf dem Schauspielsektor, hat Herr Heinz Erhardt mich gebeten, ab

1. September 1971 seine Exklusivvertretung

zu übernehmen.

Wegen der ständig zunehmenden Engagements bei Film, Funk, Fernsehen und Schallplatte sowie der umfangreichen Arbeiten als Autor, möchte sich Herr Erhardt in Zukunft nur noch auf seine künstlerische Arbeit konzentrieren.

Ich habe mit Freude diese Aufgabe übernommen und bitte Sie, sich bei jeglichen Anfragen an mich zu wenden. Ich werde Sie prompt und zuverlässig bedienen und freue mich schon jetzt auf eine weitere angenehme Zusammenarbeit.

Mit freundlichen Grüßen

H. Klemmer

(Horst Klemmer)

PS. Sicherlich auch für Sie interessant: Heinz Erhardt begeisterte im Juli d. J. auf seiner Bäder-Tournee mit seinem Leseabend über 15.000 Besucher und über 25.000 Besucher im Hebbel-Theater in Berlin in dem Lustspiel „Mit besten Empfehlungen".

Sekretariat: Horst Klemmer	Ständig zu erreichen	Bankverbindung:
29 Oldenburg	durch automatischen	Oldenburgische Landesbank
Postfach 589/Heisterweg 39	Telefonanruf-	Oldenburg
Tel. (0441) 31018/19	beantworter	Konto Nr. 87687

Am 1. September 1971 übernahm Herr H. Klemmer meine „Generalvertretung", und ich bin sehr froh darüber! Denn ein dritter kann viel bessere Gagen herausholen und besser verhandeln, als der „Künstler" selbst.

HEINZ-ERHARDT-TV-SERIE

WOLFGANG RADEMANN, der bekannte Fernsehproduzent (u. a. *Die Schwarzwaldklinik* und *Das Traumschiff*), kam im Herbst 1971 in Berlin eines Abends auf Heinz Erhardt zu. Er bot ihm eine Serie von sechs Stunden pro Jahr im Deutschen Fernsehen an. Solch ein Angebot zu bekommen, macht auch heute noch jeden Künstler sehr stolz. Aber Heinz Erhardt hatte seine Bedenken. Er nahm mich zur Seite und flüsterte: „Das ist eine wahrlich tolle Sache, aber ich will nicht so viel im Fernsehen auftreten und dabei Kompromisse machen müssen. Wenn Sie es hinkriegen, dass ich die jeweilgen Stundensendungen komplett alleine durchziehen kann – dann mache ich es."

Rademann war einverstanden und wir konzipierten die Heinz-Erhardt-TV-Serie, die 1972 in Produktion gehen sollte.

Leider kam es nicht mehr dazu. Sein Schlaganfall am 10. Dezember 1971 setze seiner Arbeit ein jähes Ende. Als ich Wolfgang Rademann informieren musste, war er natürlich auch geschockt, war er sich doch bewusst, was für einen großen Künstler wir verloren hatten: „Erhardt ist der größte Humorist überhaupt. Ich bin froh, ihn kennengelernt zu haben."

DAS ENDE DER KARRIERE

AM 10. DEZEMBER 1971 erlitt Erhardt in Hamburg in seinem Haus in Wellingsbüttel seinen folgenschweren Schlaganfall, der das Ende seiner Karriere als Bühnenkünstler war. Nur seine Familie und ich durften ihn im Krankenhaus besuchen.

ALTE FREUNDE

PETER FRANKENFELD, der große Fernseh-Star, und Heinz Erhardt waren echte Freunde. Auch ihre Ehefrauen, Lonny und Gilda, verband eine gute Freundschaft.

Frankenfeld schrieb ihm in ein Erhardt-Buch: „Wir haben uns 1938 im „Kabarett der Komiker" kennengelernt und wussten nicht, dass sich diese Tätigkeit, die wir damals ausführten, so lange hinziehen würde."

Heinz Erhardt mit Peter Frankenfeld in seinem Haus in Hamburg Wedel

Peter Frankenfeld litt sehr unter der schweren Erkrankung Erhardts, er sah sich außerstande, ihn nach seinem Schlaganfall zu besuchen. Sooft ich ihn anrief, um ihn darum zu bitten, lehnte er ab und sagte: „Ich kann einfach nicht zu ihm gehen. Es zerreißt mir das Herz. Versucht doch zu mir zu kommen, das fällt mir leichter."

So machten wir es. Erhardt, Gilda, seine Tochter Gigi und ich fuhren zu Frankenfelds und als sich die beiden Freunde umarmten, liefen viele Tränen der Rührung. Es war ein wunderbarer, lustiger und fröhlicher Nachmittag. Und es war ein Abschied für immer.

Zu Besuch bei Lonny und Peter Frankenfeld.

*So begrüßte Heinz Erhardt Horst Klemmer immer,
wenn dieser zu ihm nach Hause kam.*

1973

1974

Familienfoto vor seinem Haus: Heinz Erhardt mit den Töchtern Verena und Grit sowie Ehefrau Gilda und Enkeltochter Andrea

Horst Klemmer besuchte Heinz Erhardt während seiner neunjährigen Krankheit mindestens einmal im Monat.

Horst Klemmer brachte 1976 den Band „Das Neueste von Heinz Erhardt" heraus, das er dem Autor in Oldenburg überreicht.

ABSCHIED

AUCH ALS KLAR WAR, dass sich Heinz Erhardt nicht mehr von seinem Schlaganfall erholen würde, blieb ich mit Gilda Erhardt in Kontakt.

Von 1971 bis zu seinem Tod am 5. Juni 1979 fuhr ich jeden Monat mindestens einmal zu ihm nach Hause.

Er konnte so gut wie gar nicht mehr sprechen und war oft sehr traurig gestimmt. Also versuchte ich ihn aufzuheitern, erzählte und erzählte und er hörte aufmerksam zu, schüttelte mal mit dem Kopf oder lächelte.

Unter größter Mühe schrieb Heinz Erhardt diesen Brief an Horst Klemmer mit der linken Hand – er brauchte dafür eine ganze Woche.

Eines Tages rief Gilda mich an und bat mich, mit einem Fotografen zu kommen. Heinz Erhardt wollte unbedingt noch einmal fotografiert werden, und zwar mit seinem Bundesverdienstkreuz. Dies hatte er von Bundespräsident Gustav Heinemann erhalten. Also fuhr ich zu ihm und als er mich sah, zeigte er mir voller Stolz seine Auszeichnung. Gemeinsam mit Gilda ließ er sich strahlend fotografieren.

Am 1. Juni 1979, vier Tage vor seinem Tod, wurde Heinz Erhardt das Große Verdienstkreuz der Bundesrepublik Deutschland nachträglich zum 70. Geburtstag verliehen.

Beim Abschied nahm er meine beiden Hände, drückte sie fest und sah mir lange in die Augen. Ich sagte: „Keine Sorge, die neue Langspielplatte, die wir in einigen Monaten auf den Markt bringen wollten, produziere ich früher als geplant." Er lächelte mich an und nickte.

Das Versprechen habe ich gehalten, vierzehn Tage später war die LP fertig. Erlebt hat er es leider nicht mehr.

ERSTE ANZEICHEN

NACH SEINEM TOD saßen Gilda Erhardt, seine wunderbare und starke Frau, und ich zusammen und erinnerten uns an die guten alten Zeiten mit Heinz Erhardt, als sie mir gestand: „Klemmerchen, wissen Sie eigentlich, dass mir schon früh aufgefallen ist, dass sich ein Schlaganfall angekündigt hat?"

Ich war sprachlos und sie erzählte weiter: „Als wir 1971 zu einem längeren Dreh in Berlin waren, bewohnten wir ein Appartement. Mir fiel auf, dass ihm immer wieder Sachen aus der Hand fielen. Was davor nie der Fall gewesen war. Ich konnte das damals nicht deuten, heute ist mir klar – das waren die ersten Anzeichen."

GEORG THOMALLA

NACH ERHARDTS TOD, vor seiner Beerdigung, hatte Gilda Erhardt einige wenige Freunde zu sich nach Hause eingeladen. Dort stellte sie mir und meiner Frau Hille Georg Thomalla vor. Dieser namhafte Schauspieler war ein großer Verehrer Erhardts und seines Könnens, wie er mir verriet: „Unabhängig von seinen fantastischen Texten war Heinz für mich der König des Improvisierens. Ich kann das gar nicht. Ich muss alles lernen und dann muss es auch noch locker aussehen. Das fällt mir extrem schwer."

Ich konnte mir das gar nicht vorstellen, schließlich hatte ich erlebt, wie Erhardt Hunderte, wenn nicht Tausende Male auf der Bühne improvisierte, konnte das wirklich so schwer sein? Ja, allerdings.

Das Improvisieren ist eine riesengroße Kunst, die nicht jeder beherrscht.

Und Georg Thomalla hatte sich richtig eingeschätzt, wie ich selbst miterleben konnte. Anlässlich eines großen Abends zu Ehren Heinz Erhardts, organisiert von seinem Sohn Gero im Wintergarten in Berlin, sollte Thomalla eine Szene für Erhardt improvisieren. Immer und immer wieder wurde geprobt, es wollte einfach nicht klappen.

SEINE GOLDENE UHR

SEINE FÄHIGKEIT ZU SPRECHEN war nach dem Schlaganfall nahezu verschwunden. Seine langwierige Krankheit, die sich über einen Zeitraum von neun Jahren erstreckte, hatte ihn oft in tiefe Melancholie versetzt. Die Stunden, die wir gemeinsam in seinem Haus in Hamburg verbracht haben – und über all die Jahre hinweg habe ich ihn mindestens einmal im Monat besucht – werden mir stets in Erinnerung bleiben.

Das kostbarste und emotionalste Geschenk, das ich jemals in meiner Showbusiness-Karriere erhalten habe, wurde mir von seiner Frau Gilda ein Jahr nach seinem Ableben überreicht: seine geliebte goldene Uhr. Inspiriert von diesem Geschenk verfasste ich folgendes Gedicht:

Dank sei dir, lieber Erhardt Heinz!
Beim Lachen warst du stets die Eins.
Millionen hast du Freude geschenkt,
Durch deinen Humor, der niemals kränkt.
Für alle gingst du viel zu früh,
Großer Heinz Erhardt, liebenswertes Genie!
Durch deine Werke – ernst und heiter –
Lebst du ewig bei uns weiter.

POSTHUM DIE GOLDENE SCHALLPLATTE

IM AUGUST 1985 erhielt Heinz Erhardt eine Goldene Schallplatte, die er nicht persönlich überreicht bekommen konnte, er war ja 1979 gestorben. Also verlieh seine

Plattenfirma, die „Teldec", Gilda Erhardt und mir als dem Produzenten in der Sendung von TV-Moderator Max Schautzer diese besondere Ehrung.

Es war ein beeindruckender Moment für mich. Denn sie ist ja eine Auszeichnung für besonders viel verkaufte Tonträger und dass Erhardt als Humorist solch eine Auszeichnung bekommen hatte, war die größte Anerkennung überhaupt.

*Die erste und einzige LP in Gold für 250.000 verkaufte Exemplare.
Gilda Erhardt und Produzent Horst Klemmer*

Nach der Verleihung nahm mich Gilda Erhardt in den Arm und meinte: „Klemmerchen, Heinz war so froh, Sie zu haben. Und er hat mir oft gesagt, dass er mit niemand anderem je hätte so gut arbeiten können wie mit Ihnen."

Ich ließ meinen Tränen freien Lauf.

Gilda Erhardt mit der „Goldenen". Im Hintergrund das von einem Fan gezeichnete Porträt Heinz Erhardts

Foto: Stephan Meyer-Bergfeld

HORST KLEMMER
MEIN LEBEN ALS MANAGER

ALS KÜNSTLERMANAGER der alten Schule kann ich den jungen Managern von heute nur mit auf den Weg geben, dass dieser Beruf Berufung sein muss. Zu den Grundanforderungen gehören ein hohes Maß an Organisationstalent und Flexibilität. Der wichtigste Punkt jedoch ist: Man arbeitet im Hintergrund. Der Manager steht grundsätzlich in der zweiten Reihe und lässt vorne die Künstlerinnen und Künstler glänzen.

Die VIPs, die ich damals unter Vertrag hatte, gehörten zum *Who is Who* im deutschen Showgeschäft: Heinz Erhardt, Jürgen Marcus, Bernd Clüver, Billy Mo, Peter Beil, Renate Kern, Klaus und Klaus, Heinz Schenk,

Jürgen von Manger, Judith und Mel, Kurt Stadel, Dieter Thomas Heck, Dagmar Frederic, Dorthe, Tony Holiday, Siw Inger und Chris Howland.

Und dann gab es die Prominenten, mit denen ich nur sporadisch zusammengearbeitet habe: Zarah Leander, Rudi Carrell, Thomas Gottschalk, Alexandra, Chris Roberts, Roy Black, Jürgen Drews, Roland Kaiser, Cindy & Bert, Bernhard Brink, Hans Rosenthal, Harald Juhnke, Pierre Brice, Siegfried und Roy, Gina Lollobrigida, Otto, Caterina Valente, Axel Schulz, Arthur Abraham, Prof. Dr. Mang, Rainer Calmund, Vico Torriani, Udo Jürgens, Hans-Joachim Kulenkampff, Rex Gildo, Wim Thoelke, Claudia Schiffer, Grit Boettcher, Harald Glööckler, Lothar Matthäus, Max Schmeling, Uwe Seeler, Walter Eschweiler, Andreas Brehme, Axel Schulz, Berti Vogts, Michael Holm, Tony Marshall, Howard Carpendale, Ernst Mosch u. v. m.

Die Zusammenarbeit mit den Künstlern war nicht immer einfach, sie waren allesamt starke Persönlichkeiten.

Kannten sich gut: Fußballstar Uwe Seeler und Horst Klemmer

Manche hatten Humor, manche eher nicht, manche waren extrem kritisch, anderen war vieles egal, es gab temperamentvolle und eher ruhige Charaktere, einige wurden sehr schnell ungehalten und ich musste mich mit Forderungen herumschlagen, die nicht immer erfüllbar waren. Aber eins hatten sie alle gemeinsam: Es waren top Profis und man konnte sich als Manager hundertprozentig auf sie verlassen. In den 60 Jahren meiner beruflichen Arbeit habe ich nicht einmal erlebt, dass jemand einen Termin hat platzen lassen oder nicht pünktlich zum Auftritt erschien. Und die Auftritte waren meine kleinen Glücksmomente. Ich habe jeden einzelnen genossen!

FLEISCHBRÖTCHEN UND FAMILIE

ALS ICH VOR JAHREN versuchte, die Kilometer, die ich mit Auto, Bahn und Flugzeug in meinem Beruf zurückgelegt habe, zusammenzuzählen, musste ich einsehen, dass das ein Ding der Unmöglichkeit war. Es dürfte für zahlreiche Erdumrundungen gereicht haben. Was Metzgereien in Deutschland angeht, sieht die Sache anders aus. In fast jeder Stadt und fast jedem Dorf legte ich mit dem Auto einen Stopp ein, kaufte ein Brötchen mit Fleischwurst und Senf, mit dem ich mich grundsätzlich bekleckerte, und fuhr weiter. Noch heute weiß ich, wo es am leckersten schmeckte oder wo ich nur aus Heißhunger aß. Viele meiner Künstler habe ich mit der Liebe zum Fleischwurstbrötchen angesteckt, auch sie stiegen dann bei den Fahrten zum Auftritt von Currywurst auf Fleischbrötchen um.

Das beste Essen gab es natürlich zu Hause bei meiner Frau Hille. Wenn ich einmal zu Hause war, gab's als Erstes Grünkohl mit Pinkel – mein Lieblingsessen. Durch die vielen Reisen blieb mir nur wenig Zeit für die Familie und ich hatte sehr oft ein schlechtes Gewissen. Und wenn ich endlich mal Zeit für die Familie hatte, klingelte ununterbrochen das Telefon. Bei den unendlich langen Autofahrten quer durch die Republik wäre ich oftmals gerne umgekehrt, denn mir war durchaus bewusst, dass sich meine Frau die meiste Zeit allein um die Kinder, Haus und Hof kümmern musste. Es waren teilweise harte Zeiten für uns alle und erst viel später wurde mir klar, was ich zu Hause alles verpasst hatte und wie viele Opfer meine Frau und meine Kinder für meinen Job hatten erbringen müssen.

Heute bin ich mit Hille über 60 Jahre verheiratet, wir haben zwei wundervolle Kinder und Schwiegerkinder und vier Enkel. Hille hat mich immer unterstützt und stand hinter mir – was nie selbstverständlich war. Sie war und ist die Liebe meines Lebens und ich bewundere ihre Ausdauer und ihren Mut.

UMGANG MIT PROMIS

EINE JOURNALISTIN hat mich einmal gefragt, wie meine Freunde und Bekannten mit meinem Job umgehen bzw. wie sie auf meine Geschichten reagieren. Tatsächlich hatte ich mir darüber bisher nie Gedanken gemacht. Also antwortete ich: „Ich denke gut, denn sie wissen, dass Künstler-Management mein Beruf ist, nicht mehr und nicht weniger."

Heute sehe ich das differenzierter: Künstler-Manager, Unterhaltungsredakteure und auch TV-Journalisten treffen ständig mit berühmten, bekannten und namhaften Personen zusammen, um mit ihnen zu arbeiten. Die wenigsten Menschen kommen persönlich mit diesen Showgrößen in Kontakt, die sie im TV sehen oder über die sie in Zeitschriften und Zeitungen lesen.

Wenn dann ein normaler, nicht prominenter Mensch wie ich davon erzählte, wie er mit der berühmten Schauspielerin oder dem weltweit bekannten Sänger zu Abend gegessen hat oder ein Bierchen an der Bar trank, klingt das für viele wie eine erfundene wichtigtuerische Geschichte. Dabei sind wir einfach nur Künstler-Dienstleister und machen einen anstrengenden Job.

KÜNSTLERNAMEN

EIN GROSSES THEMA in der Showbranche sind die Namen der Künstler. Denn der Name ist Programm. Wer kennt z. B. Ludwig Franz Hirtreiter, Sara Stina Hedberg, Gerhard Höllerich oder Carl Dieter Hekscher? Dabei handelt es sich um Rex Gildo, Zarah Leander, Roy Black und Dieter Thomas Heck.

Ich habe mich nie in die Findung der Künstlernamen eingemischt oder Vorschläge gemacht – das mussten die aufstrebenden jungen Talente schon selbst bestimmen. Bei Erfolg würden sie diesen Namen nämlich ein Leben lang tragen.

Heinz Erhardt spielte in Köln und Kurt Stadelmann, ein hervorragender Parodist, kam mit Ehefrau Christa zur Vorstellung, Kurt war ein großer Erhardt-Fan. Und wie es sich nach einem erfolgreichen Auftritt gehörte, gingen wir alle zusammen auf einen Absacker an die Hotelbar. Kurt war zu diesem Zeitpunkt noch nicht so bekannt und meinte, dass er gerne seinen Namen ändern würde. Erhardt schaute ihn an und sagte: „Mann weglassen – nur Stadel". Und so wurde es gemacht.

Als ich mit Rudi Carrell am nächsten Nachmittag eine Besprechung hatte, schlug ich vor, Kurt Stadel für die „Rudi-Carrell-Show" zu engagieren. Vier Wochen später bekam Kurt das Angebot. Erhardt, seine Frau Gilda und ich waren am Tag der TV-Ausstrahlung im Theater an der Brienner Straße in München. Während Erhardt auf der Bühne stand, schauten Gilda und ich über ein mini TV-Gerät in der Garderobe Kurts Auftritt in der Carrell-Show. Das Publikum trampelte und klatschte wie verrückt. Als Erhardt in der Pause zu uns kam und nachfragte, wie es für Kurt gelaufen war, sagte ich: „Das wird ein Star." Und Gilda meinte: „Heinzchen, dein Stadel hat es geschafft."

ABHÄNGIGKEITEN

DIE SCHLIMMSTE KRISE in meiner beruflichen Laufbahn wurde durch den Schlaganfall Heinz Erhardts verursacht. Ich hatte mit ihm eine Tournee über zwei Jahre geplant, die Hallen waren gebucht, ebenso wie die Anzeigen und Reklameflächen. Dann kam der Schlaganfall und ich musste alles absagen – und teilweise bezahlen.

320 Veranstaltungen fielen aus, es gab keine Einnahmen und das finanzielle Polster war dahin. Ich verbrachte schlaflose Nächte und wusste nicht, wie ich mich und meine Familie über Wasser halten sollte.

Zum Glück hatte ich einige Wochen später eine Idee: Die Hitparaden-Tournee mit Heck und vielen Schlagerstars.

Und das funktionierte gottlob. An diesem Beispiel erkennt man sehr gut, wie der Manager vom Star abhängig ist. Das lässt sich aber nicht ändern, es ist das Risiko, das man als Künstler-Manager einfach eingehen muss.

HILDEGARD KNEF

NACH IHREN INTERNATIONALEN ERFOLGEN als Sängerin und Schauspielerin kehrte Hildegard Knef zurück nach Deutschland, um hier erneut große Shows auf die Bühne zu bringen.

Die Schallplattenfirma Philipps kam auf mich zu und fragte an, ob ich das Management von Frau Knef übernehmen wollte. So flog ich zu ihr nach Berlin und wir trafen uns mit ihrem Mann, Paul von Schell, in ihrer Privatwohnung. Ich hörte mir an, wie sie sich ihre neue Show vorstellte und musste leider schnell erkennen, dass sich ihre Vorstellungen so nicht realisieren ließen. Hildegard Knef wollte mit einer Big Band und Chor in große Säle gehen. Für so großen Aufwand und so große Säle hielt ich ihre damals aktuelle Bekanntheit für zu klein. Hildegard Knef war ein wirklich großer Name, aber die Goldenen Zeiten waren vorbei. So habe ich eine Zusammenarbeit abgelehnt und es tut mir sehr leid für sie, dass sie diese Pläne auch mit einem anderen Management nicht realisieren konnte.

Es ist schwer für einen Star mit Weltruhm zu erkennen, wann sein Stern anfängt zu sinken. Oder auch festzustellen, dass man nur ein „One Hit Wonder" ist. Natürlich fällt es jedem Künstler schwer, das zu akzeptieren.

Als Manager habe ich mich immer in der Verantwortung gesehen, ihnen die Wahrheit zu sagen, auch wenn sie weh tat, statt sie in ihren Wunschträumen zu bestärken. Das war allerdings eine der allerschwersten Aufgaben in meinem Beruf.

ZARAH LEANDER

IN DEN 70ER-JAHREN war es mir gelungen, Zarah Leander für eine Tournee zu engagieren. Sie war vor 50 Jahren noch immer ein großer Star, aber der Erfolg der Tournee überwältigte uns alle.

Wie auch Heinz Erhardt trank Zarah gerne einen Doornkaat. Während der Tournee gab es ein Ritual: Um 11 Uhr vormittags auf dem Weg zum nächsten Auftritt hielt der Chauffeur des Wagens, in dem Zarah und ihr Mann saßen, an einem Kiosk oder einer Wirtschaft an und besorgte für beide einen Doornkaat und ein Bier. Kurz vor ihrem Auftritt am Abend kippte sie dann noch schnell einen Dodo auf ex und sang wie die schwedische Nachtigall.

Als wir in Berlin gastierten, kam Zarah auf ihr Zimmer, sah die Minibar und rief zuerst mich und dann die Rezeption an. Man sollte bitte umgehend die kleinen Doornkaat-Fläschchen rausnehmen und dafür ordentliche Flaschen reinstellen. Das haben wir dann auch getan. Schließlich war sie Zarah Leander. – Erhardt hätte gesagt: „Sie ist im Dodo-Rausch."

Horst Klemmer begrüßt Weltstar Zarah Leander auf der Nordseeinsel Wangerooge zu ihrem Gastspiel.

ROY BLACK

MEIN ZUHAUSE IN OLDENBURG war mein Rückzugsort. Dort fand ich die Ruhe, um neue Kraft zu tanken – aber auch Künstler mochten es bei mir zu Hause. Oftmals übernachteten sie bei uns, obwohl ich ihnen um die Ecke ein Hotel gebucht hatte. So gehörte zu unseren „Dauergästen" Roy Black. Ich kannte ihn schon vor seinem „Ganz in Weiß"-Erfolg und ich glaube, er sah mich als seinen älteren Bruder. Er fühlte und benahm sich bei uns wie zu Hause, half meiner Frau beim Kochen und räumte anschließend  selbstverständlich den Tisch ab. Er fügte sich komplett in unser Familienleben ein und hatte kein Problem, sich am Abend beim Fernsehen ebenso auf der Couch zu lümmeln wie wir.

Es war ein großer Schock für mich, als er 1991 im Alter von nur 48 Jahren an Herzversagen starb. Mit ihm habe ich tatsächlich meinen jüngeren Bruder verloren.

SIEGFRIED & ROY

ICH BIN WEIT ÜBER 80 JAHRE ALT und die meisten der wunderbaren Künstler, mit denen ich zusammenarbeitete, sind inzwischen verstorben. Sie alle haben mein Leben bereichert. In guten und in schlechten Zeiten waren sie da, unsere Zusammenarbeit war geschäftlich, aber aus den meisten meiner Geschäftspartner wurden im Lauf der Zeit Freunde.

Wie zum Beispiel Siegfried & Roy.

1964 wurde ich als Conférencier und künstlerischer Leiter auf dem Kreuzfahrtschiff MS Berlin engagiert. Eines Tages fielen mir zwei gut aussehende Kellner auf, die mit einem Geparden spielten. Und der machte Männchen. So etwas hatte ich noch nie gesehen. Die Jungs hießen Siegfried und Roy und erzählten mir, dass sie Zauberer werden wollten. Ich war fasziniert und da ich für die gesamte Zusammenstellung des abendlichen Unterhaltungsprogramms zuständig war, habe ich sie kurzerhand für den nächsten Abend mit ihrem zahmen Raubtier engagiert. Ich konnte zu diesem Zeitpunkt nicht ahnen, dass später aus Siegfried & Roy Weltstars werden würden.

Als sie Jahre später Top-Stars waren, telefonierten wir regelmäßig und ich besuchte sie ab und zu in Las Vegas.

Im November 2019 rief mich Siegfried an und meinte, sie seien gerade in Bremen und würden mich gerne sehen.

*Hille und Horst Klemmer in Las Vegas.
Horst Klemmer entdeckte die „Weltzauberer".*

Natürlich fuhr ich hin, große, herzliche Begrüßung, dann brachte Siegfried mich zu Roy, der nach seinem Unfall im Rollstuhl saß. Er erkannte mich und fragte: „Bist du immer noch auf dem Schiff?"
Ich antwortete: „Lieber Roy, das ist mittlerweile 50 Jahre her." Später am Abend übergab mir Siegfried die Ehrenmünze der beiden, eine seltene Auszeichnung für besondere Menschen, wie sie es immer genannt hatten. Ich war sehr gerührt.

*Das letzte Treffen: Horst Klemmer
besucht seine Freunde
bei Roncalli in Bremen.*

DIETER THOMAS HECK

EINE LANGE UND ECHTE Freundschaft verband mich mit Dieter Thomas Heck. Der Schnellsprecher und Hitparaden-Macher war ein Top-Profi in seinem Job. Immer gut vorbereitet, immer sehr professionell, aber wenn ihm etwas nicht passte, sagte er das knallhart und direkt.

50 Jahre echte Freundschaft: Dieter Thomas Heck und Horst Klemmer machten fünf große Europa-Tourneen mit der Hitparade

Ich habe fünf Europa-Tourneen und viele andere für ihn und die damaligen Hitparaden-Stars organisiert und konnte es manchmal kaum erwarten, dass wir nach den Auftritten zusammensaßen. Denn dann zeigte Hecki, wie ihn alle nannten, sein wahres Gesicht: Er war ein Spaßvogel der Extraklasse, ganz besonders in Kombination mit Bert, vom Gesangsduo Cindy & Bert. Ihre gemeinsamen Scherze waren berühmt und berüchtigt.

Wie zum Beispiel der Scherz, den sie sich mit einem Stern-Journalisten erlaubten. Wir gastierten in Furth im Walde, dabei waren: Hecki, Rex Gildo, Cindy & Bert, Bernd Clüver, Bernhard Brink, Roland Kaiser und Chris Roberts.

Es hatte sich ein *Stern*-Journalist angekündigt und wir alle waren auf der Hut. Nicht jeder in Deutschland mochte Schlager und wir waren nicht sicher, ob es eine positive oder negative Geschichte werden würde. Also kümmerten sich alle aufopferungsvoll um den Herrn der schreibenden Zunft und ließen ihn nicht aus den Augen. Nach dem Auftritt ging's an die Hotelbar und Hecki bestellte Nordhäuser Doppelkorn, prostete dem *Stern*mann zu, sodass der keine andere Wahl hatte als mitzutrinken. Das ging immer so weiter, bis der Gute schon leicht die Augen verdrehte und nur noch mit schwerer Zunge sprechen konnte.

Als Bert anlasslos die Bar verließ und auch nach zehn Minuten noch immer nicht zurück war, fing Hecki an, immer breiter vor sich hin zu grinsen. Ich schaute ihn fragend an und er flüsterte mir ins Ohr, was gerade „organisiert" wurde: Bert kaufte gerade auf dem nächsten Bauernhof ein Ferkel und würde es durch den Hintereingang ins Zimmer des *Stern*-Journalisten bringen. Dort würde es in der Badewanne auf seinen Einsatz warten.

Gegen drei Uhr nachts verließen wir alle die Bar und lauerten versteckt auf dem Flur, bis der Journalist in seinem Zimmer verschwand. Dann schlichen wir uns zur Zimmertür und hörten einen lauten Schrei, gefolgt von: „Oh mein Gott, ich bin so betrunken und sehe schon Schweine in der Badewanne. Hilfe, Delirium tremens! ... Oh mein Gott, das ist ein echtes Schwein! Hilfe!"

Ein Artikel ist nie erschienen. Das Ferkel wurde wohlbehalten auf den Bauernhof zurückgebracht.

RUDI CARRELL

ALS RUDI CARRELL Mitte der 60er-Jahre in Deutschland allmählich bekannt wurde, fuhr ich zu ihm nach Bremen. Mein Ziel war es, ihn von einer Tournee zu überzeugen. Er war skeptisch und fragte mich: „Glauben Sie wirklich, wir kriegen die Hallen voll?" Ich sagte: „Wenn ich nicht daran glauben würde, würde ich Sie nicht fragen."

Alle Säle waren ausverkauft und Carrell legte jeden Abend eine One-Man-Show hin, die die Zuschauer vor Begeisterung auf die Stühle steigen ließ.

Nach Abschluss dieser Tour bekam ich den Auftrag vom Internationalen Wollsekretariat, eine dreißigtägige

Tournee mit Chris Howland als Moderator zu organisieren. Ich schlug vor, bei dieser ‚Wollexpress 70' genannten Tour eine Doppelmoderation zusammen mit Rudi Carrell zu machen, was man für eine gute Idee hielt. Doch als ich Chris anrief, meinte der: „Carrell und ich verstehen uns nicht. Das macht der niemals."

Und es stimmte, ich musste erst nach Bremen zu Carrell fahren und harte Überzeugungsarbeit leisten, bevor er sich mit dieser Idee anfreunden konnte. Aber am Ende standen die beiden dreißig Tage lang gemeinsam auf der Bühne und wurden in den Folgejahren sogar echte Freunde.

Langjährige Freunde: Showmaster Rudi Carrell und Horst Klemmer machten viele Tourneen zusammen.

HEINZ SCHENK

MEINE BEZIEHUNG zu Heinz Erhardt und das Exklusiv-Management war für mich immer etwas ganz Besonderes, doch wertvoll war auch die Zusammenarbeit mit Heinz Schenk. Ohne ihn als Chef-„Babbler" vor dem Herrn wäre „Zum Blauen Bock" nie so erfolgreich geworden.

Zahlreiche große Tourneen unter dem Titel „Ein Abend beim Äppelwoi" füllten die Säle, wir hatten umwerfenden Erfolg.

38 Jahre war ich sein Exklusiv-Manager. Fluchen und Schimpfwörter waren bei Schenk nicht erlaubt. Rutschte jemandem doch ein Schimpfwort heraus, wurde er zur Kasse gebeten. Man konnte Einspruch einlegen und ein Gericht entschied in der Künstlergarderobe, zu wie viel Mark der Sünder verurteilt wurde. So hatten wir am letzten Tournee-Spieltag 2.460 Mark in der Kasse.

Daraufhin sagte Schenk zu mir: „Herr Klemmer, jetzt müssen Sie was Böses sagen."

Also antwortete ich: „Sie können mir schon lange den Buckel runterrutschen."

Das Gericht entschied auf 40 Mark Strafe und damit hatten wir den Betrag von 2.500 Mark komplett. Schenk lud alle in ein sehr schönes Restaurant ein, wir verbrachten einen tollen Abend und den Rest des Geldes spendete er einer Wohltätigkeitsorganisation.

38 Jahre erfolgreiche Zusammenarbeit: „Zum Blauen Bock"- Star Heinz Schenk und Horst Klemmer

Heinz Schenk hatte mich als seinen Testaments-Vollstrecker bestimmt und hatte verfügt, dass ich eine „Heinz Schenk Stiftung" gründen sollte. Dies habe ich getan.

Heinz Schenk war auch begeisterter Fußballfan der Eintracht Frankfurt. Sein satirisches Gedicht über den Fußballfan an sich widmete er Heinz Erhardt, selbst leidenschaftlicher Fan des HSV:

DER MANN VON STEHPLATZ A

Ich bin der Mann vom Stehplatz A,
An jedem Sonntag bin ich da,
Ob Flutlicht oder Tageslicht,
Ein Fußballspiel ist für mich Pflicht.
Ich bin die Stütze vom Verein,
Ich zahle und kann furchtbar schrein,

Auch trag ich Spruchbänder bei mir
Und Kuhglocken sind mein Plaisir.
Ich bin der stille Fußballheld,
Dem jeder Freistoß gut gefällt,
Wenn meine Mannschaft ihn bekommt.
Im Gegenteil, da pfeif ich prompt.
Ich weiß, wie man den Ball behandelt,
Wie man 'ne Flanke glatt verwandelt,
Wie man den Gegner kurz umspielt
Und abseits noch ein Tor erzielt.
Mich würde man vom Ball nie trennen,
Im Geist kann ich am schnellsten rennen,
Selbst Rummenigge gegen mich,
Der wirkte einfach lächerlich.
Spielt einer gut, was selbstverständlich,
Zeig ich mich mit Applaus erkenntlich,
Das heißt, wenn er zu uns gehört,
Sonst find ich so was unerhört.
Doch spielt er schlecht, bin ich verdrossen,
Selbst wenn er grad ein Tor geschossen
Und ich ihn dabei noch gelobt,
Beim nächsten Ball, da wird getobt.
Da schrei ich laut, dass jeder hört,
Der Kerl, der wär' sein Geld nicht wert,
Das wär' der lahmste in der Welt,
Wer hat denn den bloß aufgestellt?
Der dribbelt nur und gibt nicht ab

Und vor dem Tor, da macht er schlapp.
Na bitte sehr, er humpelt schon,
Und so was nennt man Kondition.
Jetzt spielt er noch ein' Gegner an,
Heut ist mal wieder alles dran.
Ja, ist das denn die Möglichkeit,
Der legt den Ball sich viel zu weit.
Ich glaub, der Kerl ist nicht ganz klor,
Was ist denn das, er schießt ein Tor!
Vergessen ist die ganze Wut,
Ich sag's ja gleich, der Mann ist gut.
Jetzt fällt er um, schnell Sanitäter,
Wie der sich krümmt, sofort Elfmeter,
Was, nur ein Eckball? So ein Hohn!
Herr Schiedsrichter, ans Telefon!
Der Schiedsrichter ist eigenmächtig,
Der ist mir lange schon verdächtig.
Jetzt gibt er Freistoß, wie gemein,
Ach so, für unseren Verein.
Der Mann hat doch halt Überblick,
Was ist dann des für'n faule Trick,
Das war doch Hand, ich hab's gesehn,
Nein, so was kann ich nicht verstehn.
Der Mittelstürmer ist zu lasch,
Und unser Trainer ist 'ne Flasch.
Da jetzt, ein Angriff, wie gepflegt,
Pfui, pfui, der Mann, der wurd' gelegt,

Elfmeter, bravo, des ist richtig,
Denn jedes Tor für uns ist wichtig.
Jetzt läuft er an, vorbeigeschossen,
Des sind doch wirklich Herrschaftspossen,
Hier zuzugucken ist ein Graus,
Aus dem Verein, da tret ich aus.
Der Simpel trifft nicht mal des Tor,
Wart, nach dem Spiel knöpf ich mir'n vor.
Der ruiniert mir mit sei'm Bettel
Glatt noch de ganze Totozettel.
Der Schlusspfiff kommt, das Spiel ist aus,
Von mir kriegt keiner heut Applaus,
Nicht wer gestürmt, nicht wer verteidigt,
Denn dazu bin ich zu beleidigt.
Den nächsten Sonntag komm ich nitt,
Da macht ihr mal allein den Kitt,
So schimpft der Mann vom Stehplatz A,
Weil er heut unzufrieden war.
Doch wer jetzt glaubt, er käm nicht mehr,
Ihr lieben Leut, der irrt sich sehr,
Beim nächsten Spiel wird man ihn sichten
Und könnt so gut auf ihn verzichten.

MICHAIL GORBATSCHOW

MEIN GRÖSSTER COUP war, Michail Gorbatschow als Gastredner für ein Event in Köln zu engagieren. Dass mir das gelingen konnte, hat mich selbst am meisten überrascht. Gerade erst war er aus dem Politgeschehen ausgeschieden und niemand konnte oder wollte mir sagen, wo sich Herr Gorbatschow aufhielt. Nach unendlich vielen Recherchen und hartnäckigen Telefonaten gelang es mir tatsächlich, den Privatsekretär von Gorbatschow zu sprechen. Ich trug mein Anliegen vor – und dann ging alles ganz leicht. Schon einen Tag später erhielt ich die Zusage.

Am Tag des Events holte ich ihn mit zwei Bodyguards und meiner Schwiegertochter Ines Klemmer (damals noch Ines Kuba), die russisch spricht, am Flughafen ab und brachte ihn ins Hotel.

Am Samstag, d. 18.12.1993, holten Horst Klemmer und Ines Kuba Michail Gorbatschow am Kölner Flughafen ab.

Wir bestiegen den Aufzug und fuhren nach oben. In der ersten Etage hielt der Aufzug und als die Türen sich öffneten, stand dort Udo Jürgens. Sein Gesichtsausdruck, als er Gorbatschow erkannte, ist für mich unvergesslich.

Mit Udo war ich gut bekannt und hatte im Laufe der Zeit 58 Gala-Konzerte für ihn organisiert. Ich stellte ihn kurz vor, bat ihn aber, auf den nächsten Aufzug zu warten. Gorbatschow fragte mich danach, wer das gewesen sei, und ich erklärte ihm, dass Udo Jürgens ein sehr bekannter deutscher Sänger sei.

Fast 60 Mal sang er bei Horst Klemmer in Deutschland: Udo Jürgens

Auch für Udo war dieses unverhoffte Treffen am Aufzug unvergesslich und er nahm die Szene sogar in seine Memoiren auf, wenn auch etwas geschönt: „Der Aufzug ging auf und Gorbatschow erkannte mich sofort, da ich in Moskau ein Konzert gegeben habe."

In Gorbatschows Suite hatte ich eine Flasche „Wodka Gorbatschow" auf den Tisch stellen lassen und als er sie sah, fing er lauthals an zu lachen, nahm zwei Gläser, schenkte selbst ein und dann nahmen wir erst mal einen kräftigen Schluck.

Am Abend sollte er eine dreißigminütige Rede halten. Als er nach einer Stunde noch immer nicht zum Schluss gekommen war, signalisierte ich verzweifelt hinter der Bühne, dass er zum Schluss kommen sollte – ohne Erfolg. Knapp zwei Stunden nahm er sich Zeit, niemand langweilte sich, alles lauschte gebannt, bis zum Schluss konnte man im Saal eine Stecknadel zu Boden fallen hören. Als er zum Ende kam, gab es einen Beifall, der sogar mich, der schon oft erlebt hatte, wie ein tolles Publikum einen Künstler mit großartigem Applaus hochleben lässt, überrascht hat: Die Gäste sprangen auf die Stühle, tobten, applaudierten, weinten und lachten. Ich hatte Gänsehaut, es war einer der unglaublichsten Momente, die ich in meinem Beruf erleben durfte.

Nach dem Auftritt sollte er eigentlich wieder in die Sicherheit seiner Hotelsuite zurück, aber das wollte er nicht. So setzten wir uns zusammen an die Hotelbar, wo diese kleine Gorbatschow-Klemmer-Party erst um zwei Uhr nachts endete.

Auch Jahre später kann ich kaum glauben, dass ich diesen bedeutenden Menschen, den ich vorher als großen Politiker bewundert hatte, als Privatmann kennenlernen durfte. Er hat mich tief beeindruckt und ich denke auch heute noch sehr gerne an dieses einmalige Erlebnis zurück.

ROGER MOORE

LEICHTER WAR der Umgang mit Roger Moore. Der *Europa-Park Rust*, wo seit über 20 Jahren unsere Miss-Germany-Endwahlen stattfinden, suchte 2012 einen VIP für die Eröffnung eines neuen Europa-Park-Hotels. Der Inhaber Dr. hc. Roland Mack und ich einigten uns auf *James Bond, Mister 007,* Roger Moore.

Nach dem Gespräch mit Dr. hc. Mack hatte ich endlich mal eine Woche Urlaub und verbrachte ihn mit meiner Frau auf einem Kreuzfahrtschiff. Nach dem Motto „Ich muss nur ein paar Anrufe tätigen", telefonierte ich stundenlang zwischen Kopenhagen und Lettland, um Roger Moore zu engagieren. Was schließlich gelang. Allerdings hätte ich auf dem Schiff eine Sonderkarte zum Telefonieren kaufen sollen. So beliefen sich meine Gebühren auf 612,13 Euro. Ein teurer Spaß!

Horst Klemmer holte Weltstar Roger Moore zur Eröffnung des Hotels „Bell Rock" in den Europa-Park.

Am Tag des Events kamen Moore und seine Frau überpünktlich im Europa-Park Rust an. Er kannte mich nicht, wusste nur von seinem Manager, der nicht dabei sein konnte, dass ein Horst Klemmer sein Ansprechpartner sei. Also ging ich zu ihm hin und sagte: „I am Horst." Er strahlte übers ganze Gesicht, nahm mich in den Arm und drückte mich. Damit hatte ich nicht gerechnet. Genauso wenig mit der Tatsache, dass wir einen grandiosen schönen Abend miteinander verbrachten und ich zum ersten Mal in meinem Leben eine Zigarre komplett paffte. Schließlich war sie ein Geschenk von Roger Moore und wir rauchten gemeinsam. Als Nichtraucher habe ich das dann am nächsten Tag schwer bereuen müssen. Aber an Roger Moore habe ich nur gute Erinnerungen.

HELENE FISCHER

VON DEN HEUTIGEN STARS finde ich Helene Fischer bewunderns- und bemerkenswert. Ihre Shows sind fantastisch und ich mag ihre Stimme.

Ich traf sie 2012, als in der Messehalle in Frankfurt eine große Gala stattfinden sollte. Es war ein „Branchentreff der Unterhaltungsindustrie" und ich sollte einen Preis für mein Lebenswerk als Manager von Heinz Erhardt erhalten. Bei dieser Gelenheit wurde ich als *Künstlermanager des Jahres 2011* ausgezeichnet. Bei den Nachmittagsproben tauchte plötzlich Helene Fischer auf, an ihrer Seite Weltstar Michael Bolton. Ihr Manager Uwe Kanthak kam auf mich zu, umarmte mich und stellte mir Helene und Michael vor. Dann meinte er zu Helene: „Horst Klemmer ist ein großer Fan von dir", was stimmt und ehe ich mich versah, gab sie mir ein Küsschen auf die Wange. Meine Güte, war ich happy! Was für eine charmante und liebenswerte junge Dame – ohne jedwede Art von Staraüllüren.

Trafen sich in Frankfurt: Gesangsstars Helene Fischer und Weltstar Michael Bolton mit Horst Klemmer

JÖRG HAMMERSCHMIDT

DER PARODIST UND HUMORIST Jörg Hammerschmidt ist ein Künstler, der mir wirklich ans Herz gewachsen ist. Bei ihm habe ich stets das Gefühl, dass der parodierte Künstler selbst auf der Bühne steht. Wie gut er es versteht, Künstler zu parodieren, konnte ich bei meiner ersten Begegnung mit ihm erleben, als er auf der Bühne Heinz Erhardt imitierte.

Ich erinnere mich noch gut an den Gala-Abend zum 70. Geburtstag von Frank Fleschenberg 2018, dem Präsidenten des Charity-Golfclubs Eagles im *Hotel Bayerischer Hof München*. Jörg Hammerschmidt trat auf und präsentierte sein Showprogramm.

Als er mich gesehen hatte, baute er extra für mich eine zusätzliche Parodie von Heinz Erhardt in seine Performance ein. Als er als Heinz Erhardt auf der Bühne performte, bekam ich Gänsehaut. Er war so gut, er erinnerte so perfekt an Erhardt, dass es mir die Tränen in die Augen trieb.

Seit diesem denkwürdigen Abend haben wir uns öfter gesehen und bei jeder Begegnung konnte ich mich erneut von seiner Kunst faszinieren lassen. Seine Bewegungen, Mimik und seine Art, in die Rollen der parodierten Künstler zu schlüpfen, sind einfach außergewöhnlich. Für mich ist er der beste Heinz-Erhardt-Parodist, den ich je erlebt habe.

MISS GERMANY

AB 1960 übernahm ich für die Strumpffirma Opal die „Miss Germany"-Events, bei denen ich moderierte und auch Regie führte. 1967 wollte ich die Endwahl von einem wirklich großen Namen moderieren lassen und mein Traum war, dafür Hans-Joachim Kulenkampff zu engagieren. Dies schien utopisch, da Kulenkampff der Superstar der Showbranche war. Allerdings kannte ich aus alten Zeiten seinen Produzenten Martin Jente vom Hessischen Rundfunk. Ihn fragte ich, ob er eine Möglichkeit sah. Und als wir uns über die Gage einig waren, bekam ich tatsächlich die Zusage.

Besprechung mit „Kuli"

Die detaillierte Ablaufbesprechung für die Moderationen besprach ich mit Kulenkampff an einem Nachmittag im Berliner Hilton Hotel. Es ging schneller als gedacht und wir hatten noch Zeit, eine Weile zu plaudern. So kamen wir auf seine TV-Assistentin Uschi zu sprechen, die aufgehört hatte und für die Kulenkampff nun nach einem Ersatz suchte. Ich schlug die Miss Germany von 1966, Marion Heinrich, vor. Da sie auch in Berlin war, rief ich sie an und nach nur zwanzig Minuten erschien sie im Hotel. Kulenkampff war begeistert und bot ihr den Job an. Eine sehr gute Wahl, fand ich, und natürlich eine riesige Chance für die bezaubernde Marion Heinrich.

Vier Wochen nach Vertragsunterzeichnung rief Marion mich an und sagte: „Hotte, es ist furchtbar und toll zugleich. Ich kann den Job nicht machen, ich bin schwanger."

Das war's dann.

Miss Germany-Wahl 1967, Hotel Hilton Berlin: Horst Klemmer, Marion Heinrich und Modeschöpfer Heinz Oestergaard

Im Jahr 1985 gründete ich die Miss Germany Corporation, um das Thema Miss Germany noch professioneller anzugehen. An meiner Seite war nun mein Sohn Ralf. Anfang der Achtziger schossen Diskotheken und Einkaufszentren aus dem Boden, Hotels bauten größere Säle und in fast jeder Stadt entstanden neue und attraktive Event Locations. Also baute ich gemeinsam mit meinem Sohn ein Team von Moderatoren, Organisatoren und Akquisiteuren auf, sodass wir jedes Jahr über 300 Städtewahlen organisieren konnten, denen Bundeslandwahlen folgten, bis es schließlich zur Endwahl mit der Kür der Miss Germany kam.

Vier Damen haben mich als Veranstalter besonders beeindruckt. Sie waren äußerst engagiert und absolvierten teilweise 200 bis 400 Auftritte während ihrer Amtszeiten. Dazu gewannen sie internationale Titel und trugen so zum Erfolg der Miss Germany Corporation bei.

Anja Hörnich

ANJA HÖRNICH, Miss Germany 1986, Queen of Europe 1987, zeichnete sich durch ihre unglaubliche Natürlichkeit aus und entwickelte sich zu einer professionellen Gala-Moderatorin. Sie war die einzige Miss Germany der 1980er-Jahre, die ein Angebot aus Hollywood erhielt, und zwar von dem berühmten Regisseur Joe Alves.

LETICIA KOFFKE, die einzige Miss DDR 1990 und erste gesamtdeutsche Miss Germany 1990/1991, wurde ein erfolgreiches Model, flog zu etlichen Shootings nach Los Angeles und arbeitete später als Modedesignerin.

INES KUBA, Miss Germany 1991/1992 und Queen of the World 1992/1993, war eine bemerkenswerte starke junge Frau. Sie war Leistungssportlerin in der DDR und hatte es bis zur Fechtmeisterin gebracht. Mit ihren kurzen, schwarzen Haaren verkörperte sie einen neuen Frauentyp.

Später heiratete sie meinen Sohn Ralf und stieg mit in die Firma ein. Jahrzehntelang moderierte Ines erfolgreich die Miss Germany Endwahlen. Im Jahr 2021 gründeten Ines und Ralf die Agentur *Firstmodel*.

Leticia Koffke

Ines Kuba

Lena Bröder beim Papst in Rom

LENA BRÖDER war Miss Germany 2016. Sie studierte Katholische Theologie und schrieb das Buch „Das Schöne in mir – mit Glaube zum Erfolg". Ich wusste, wie sehr sie sich ein Treffen mit dem Papst wünschte und setzte alles daran, diesen Traum wahr werden zu lassen – und schaffte es. Am 15. Juni 2016 traf sie auf dem Petersplatz in Rom Papst Franziskus und überreichte ihm ihr Buch, aus dem er sogar auf Deutsch vorlas.

Ab 2003 fanden die Miss-Germany-Wahlen im Europa-Park Rust statt. Ein langjähriger Freund aus Baden-Baden, der Fotograf Klaus Schultes, hatte mich 2002 der Familie Mack, den Inhabern des Europa-Parks, vorgestellt. In einem herzlichen Gespräch mit Dr. Roland Mack entstand die Idee, die Miss-Germany-Wahl im Europa-Park abzuhalten. So kamen wir zur Miss-Germany-Wahl im besten Freizeitpark der Welt mit seinen unglaublichen sechs Themenhotels. Es sind immer noch wundervolle und erfolgreiche Events, mittlerweile haben wir bereits

Miss Germany Wahl 2016 im Europa-Park
Vorne von links: Horst Klemmer, Jürgen Mack,
Dr. Roland Mack und Ralf Klemmer

die 23. Endwahl im Park durchgeführt. Damit ist der Europa-Park die Hochburg der Miss-Germany-Wahlen.

Im Jahr 2020 übernahm mein Enkel Max in der dritten Generation die Firma, benannte sie in *Miss Germany Studios* um und passte das Gesamtkonzept an die gesellschaftlichen Veränderungen, die in den letzten Jahrzehnten stattgefunden haben, an. Heute ist ‚Miss Germany' eine Auszeichnung für Frauen, die Verantwortung übernehmen. Ein Netzwerk für Frauen, die als Vorbilder agieren und eine weltoffene und moderne Gesellschaft gestalten. Für mich als alten „Show-Hasen" ist dies eine logische und gesellschaftlich notwendige Neuausrichtung.

Miss-Germany-Wahl 2020 im Europa-Park.
Als Gäste 11 Miss Germanys (darunter Ines Klemmer, 4. von links) mit
Horst Klemmer (links), Max Klemmer (Mitte) und Ralf Klemmer (rechts)

LIVING LEGEND

50 Jahre von der Bühnenshow bis zur Talentschmiede

Horst Klemmer:

„ Talentmanagement bedeutet, dass der Künstler erst einmal Talent haben muss. Dann hat der Manager die Aufgabe, ihn ins Geschäft zu bringen. Ich selbst bin dabei immer einen Schritt hinter meinen Künstlern gegangen. "

Horst Klemmer ist „the living legend", eine lebende Legende in der Welt der Prominenten, die wir aus früheren Zeiten bis heute noch kennen. Anfang der 60er Jahre betrieb er bereits Talentschmiede: Er übernahm exklusiv das Management für Billy Mo („Ich kauf mir lieber einen Tiroler Hut"). Seine unmissverständliche Art, mit Menschen umzugehen und hinter ihnen zu stehen, sprach sich in der Szene rasch herum. So folgte dem „Mann mit dem Tiroler Hut" bald auch Peter Beil, Renate und Werner Leismann sowie Jürgen Marcus. Horst Klemmers Fähigkeiten, „Menschenmarken" zu schaffen, blieben auch Heinz Erhardt nicht verborgen. Bereits 1968 erhielt Klemmer die exklusive Vertretung für den Humoristen. Später trat er auch als Schallplattenproduzent von Erhardt in Erscheinung. Es entstand eine freundschaftliche Beziehung zwischen Manager und Künstler, die bis zum Tod von Heinz Erhardt anhielt. Klemmer: „Wir haben 1500 Gastspiele bewerkstelligt".

Mit Dieter Thomas Heck heckte der ruhelose Klemmer eine andere Art von Show aus. Im Jahre 1974 nahm die Hitparaden-Tournee Fahrt auf. Gemeinsam feierten beide Erfolge, ob in der Olympia Halle in München, in der Dortmunder Westfalenhalle oder in der Deutschlandhalle in Berlin. Diese Erfolgsstory führte Klemmer und Heck auch ins europäische Ausland, wie Schweiz, Österreich, Holland und Liechtenstein. Auch andere Künstler vertrauten Horst Klemmer ihre Karriere an. So Heinz Schenk, mit dem Klemmer ab 1980 arbeitete. Gemeinsam waren sie auf Tournee und veranstalteten gut 2 000 Mal „Ein Abend beim Äppelwoi", „und das ohne jemals einen Vertrag unterschrieben zu haben", erklärt er uns. Gleich 60 Auftritte von Udo Jürgens zeichneten die Handschrift dieses Organisationstalents. Auch internationale Stars kamen an Klemmer nicht vorbei: So war er bereits 1965 der erste Ansager einer Show von Sigfried und Roy, holte exklusiv Gorbatschow zu einer Veranstaltung nach Köln und engagierte Gina Lollobrigida für eine Modenschau in Südtirol.

In den 50 Jahren seines Wirkens hat Klemmer so viel organisiert, gemanagt oder selbst dargeboten, dass es genau genommen ein ganzes Buch füllen könnte. Begonnen hat er seine ungewöhnliche Karriere übrigens, als er im Jahre 1956 neben seinem Beruf des Steuerberaters als Conférencier die Bühne betrat. Doch seinen eigentlichen Bühnen-Durchbruch errang er 1960 mit der Moderation der „Miss Germany"-Wahl, die von den Opal-Textilwerken veranstaltet wurde. Er avancierte schnell zum Organisator und Regisseur. Bis heute zeichnet er sich, zusammen mit seinem Sohn Ralf, verantwortlich für die im Europa-Park in Rust stattfindende Endwahl zur Miss Germany. Zudem organisiert er bereits 40 Mal das Programm des Presseballs Oldenburg sowie andere große Galas. Das ist das Leben des heute 73-jährigen Horst Klemmer – in dieser Form nun seit 50 Jahren. Herzlichen Glückwunsch!

Peter Frank

Horst Klemmer 1966 mit Udo Jürgens, ...

... bei einer Tourbesprechung mit Gilda und Heinz Erhard und 2010 mit Dieter Thomas Heck zum 50. Jubiläum (rechts).

Quelle: *Wirtschaftsecho*

ZUM SCHLUSS

MEIN BERUFLICHES LEBEN war voller amüsanter und auch trauriger Geschichten, Niederlagen und Erfolge – ein ständiges Auf und Ab auf der Gefühlsskala. Ich hatte das große Glück, viele unterschiedliche Menschen kennenzulernen, mit ihnen zu arbeiten und freundschaftlich verbunden zu sein. Es hat mir viel Freude bereitet, mit ihnen zu arbeiten, sie waren alle liebenswert.

Mein Herz gehört meiner wunderbaren Frau Hille, die ich seit dem 10. Oktober 1957 kenne, und meiner Familie. An dieser Stelle möchte ich unserem Sohn Ralf danken für die Unterstützung beim Entstehen dieses Buches.

Der Künstler, an dem ich am meisten hänge, ist Heinz Erhardt, dieser besondere Entertainer und Wortakrobat. Er war ein Mensch mit einer außergewöhnlichen Persönlichkeit und einem großartigen und zeitlosen Sprachwitz – zu genießen in meinem Lieblingsgedicht „Die Made":

> *Hinter eines Baumes Rinde*
> *wohnt die Made mit dem Kinde.*
> *Sie ist Witwe, denn der Gatte,*
> *den sie hatte, fiel vom Blatte.*
> *Diente so auf diese Weise*
> *einer Ameise als Speise.*

*Eines Morgens sprach die Made:
„Liebes Kind, ich sehe grade,
drüben gibt es frischen Kohl,
den ich hol. So leb denn wohl!
Halt, noch eins! Denk, was geschah,
geh nicht aus, denk an Papa!"*

*Also sprach sie und entwich. –
Made junior aber schlich
hinterdrein; doch das war schlecht!
Denn schon kam ein bunter Specht
und verschlang die kleine fade
Made ohne Gnade. Schade!*

*Hinter eines Baumes Rinde
ruft die Made nach dem Kinde …*

Ich möchte mit einem Zitat von Heinz Erhardt schließen, an das ich mich selbst auch immer gehalten habe:

*Man nehme ernst nur das, was froh macht,
das Ernste aber niemals tragisch!*

EUROPA PARK HOTELS

Abenteuerparadies zum Träumen

HOTELGÄSTE IM VORTEIL
- Best-Preis-Garantie für Tickets
- Früherer Parkeintritt

- Sechs 4-Sterne (Superior) Erlebnishotels - viele Details entdecken
- 14 Restaurants und 9 Bars – Kulinarik anderer Länder genießen
- Fünf Sauna- und Poollandschaften - inklusive für Hotelgäste

europapark.de/reservierung | Tel.: +49 7822 860-0 | hotel@europapark.de

Jetzt buchen

Übernachten im Wilden Westen

- Tipizelte, Planwagen, Blockhäuser
- Stellplätze für Wohnmobile und Caravans
- Wiese zum Zelten

Camping | Camp Resort

HEINZ ERHARDT
ILLUSTRIERTE BÜCHER UND KALENDER

978-3-3803-3498-9

978-3-3803-3519-1

978-3-3803-6374-3

Bücher und Kalender,
die Spaß bringen!

FOLGT UNS! facebook.com/lappanverlag
Instagram.com/lappanverlag
www.lappan.de

978-3-8303-6395-8

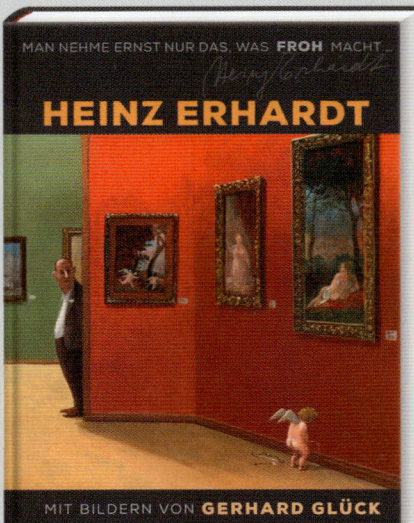

978-3-8303-3671-6

978-3-8303-6381-1

978-3-8303-3630-3

978-3-8303-3623-5

978-3-8303-3644-0

978-3-8303-3405-7

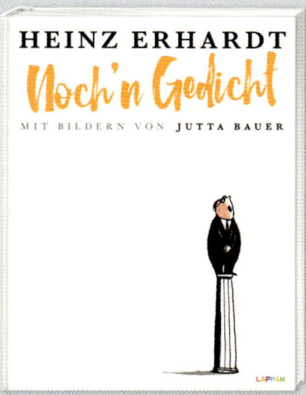
978-3-8303-3547-4

978-3-8303-3646-4

HEINZ ERHARDT-KALENDER
JEDES JAHR NEU!

978-3-8303-2070-8

978-3-8303-2071-5

Foto Rückumschlag: Gilda und Heinz Erhardt mit Horst Klemmer

1. Auflage 2024
– Originalausgabe –

© 2024 Lappan Verlag in der Carlsen Verlag GmbH,
Völckersstraße 14–20, 22765 Hamburg

ISBN 978-3-8303-6428-3

Alle Rechte vorbehalten. Das Werk darf – auch teilweise –
nur mit Genehmigung des Verlags wiedergegeben werden.

Wir behalten uns die Nutzung unserer Inhalte für Text-
und Data-Mining im Sinne von § 44b UrhG ausdrücklich vor.

Texte: Horst Klemmer
Texte Heinz Erhardt: © H.E. Erbengemeinschaft GbR

Fotos – wenn nicht gesondert erwähnt – aus Horst Klemmers Privatarchiv
oder aus Heinz Erhardt: *Privatalben 1–19* (1947–1971)

Redaktion und Lektorat: Antje Haubner

Bildredaktion, Grafik und Herstellung: Monika Swirski

Covergestaltung: Monika Swirski

FOLGT UNS! facebook.com/lappanverlag
Instagram.com/lappanverlag
www.lappan.de